NH Booklet No.26

ライフワイドの視点で築く学びと育ち

―障害のある子ども・青年の自分づくりと自分みがき―

國本真吾

＊ＱＲコードは株式会社デンソーウェーブの登録商標です。
＊本書掲載のＱＲコードのアドレスはすべて二〇二二年一二月一日最終閲覧。
＊表紙写真は、アートスペースからふるの妹尾恵依子理事長にお世話になりました。（國本真吾）

はじめに　障害のある人にとっての生涯学習

「余暇」のあり方からの気づき

今から四半世紀以上前のことです。学生時代の私は、大学の学生サークルで「障害児教育研究会」という団体に属していました。大学の周囲にある障害児学校・学級の子どもたちを対象に、年に五～六回開く子ども会をサークルで主催し、運動会、キャンプ、芋ほり、クリスマス会などを企画しては、日々その準備に明け暮れていました。子ども会への参加は、高校（養護学校高等部）三年生の一八歳までです。ある日のこと、子ども会を卒業して大学近くの就労施設に通う青年が、サークルの部室から見える位置に立っていました。年は私と一つ違い、同年代です。気づいて声をかけ、子ども会の企画を練っている私たちの輪に加えました。といっても、議論に参加するわけではなく、その場に一緒にいるというだけです。話し合いが終わると、彼の家族のもとに交代でだれかが連れて帰るというルーティンが、いつしか生まれていました。そして、キャンプの行事の時にも、彼は参加者ではなく学生スタッフ側に立ち、裏方に徹していました。

卒業論文に向けて動き出した頃、何をテーマにしようかで悩んでいた私は、その青年のことが頭に浮かびました。子ども会を卒業したのに、なぜ学生の私たちのところへやってきては、一緒に時間を過ごすのだろうか。就労施設で働いてはいるものの、仕事終わりのアフター・ファイブや休日の過ごし方を周囲はどのように考えているのか、今まで想像しなかった視点です。学校卒業後の「余暇」の保障、そこから卒業論文に着手した私は、障害のある人に対する地域の社会教育や生涯学習、そして学校卒業後の学びの機会を研究テーマにする形で今日に至ります。

生涯にわたる学習という意味での「生涯学習」

障害のない人にとって、「余暇」をどのように過ごすかは本人の自由であり、とくにそれをサポートするような支援者もいません。しかし、障害のある人にとっては、就労のような進路の保障と併せて、学校教育から引き続き何らかのサポートがないと、自らアクセスすることも困難だといえます。また、その受け皿となる資源の存在も不可欠です。新聞の折り込み広告で、カルチャースクールの多様な講座の募集を目にすることや、地域の社会教育施設である公民館からは教養講座の案内などが届きますが、これらの生涯学習のメニューを障害のある人も利用することができるのでしょうか。対象者の制限はとくに示されていないため、建前としては利用できそうですが、そのようなものを利用している障害のある人の例を、学生時代の私の周囲からは耳にすることがありませんでした。

では、「生涯学習」というのは一体何なのでしょうか。わが国で「生涯学習」という言葉が広く使われだした一九八〇年代、当時の文部省や地方の教育委員会は、社会教育を担当する部署の名称をこぞって「生涯学習」の語に置き換えました。社会教育は、社会教育法により「学校の教育課程として行われる教育活動を除き、主として青少年及び成人に対して行われる組織的な教育活動（体育及びレクリエーションの活動を含む。）」とされていることもあり、どこか大人を対象としたイメージが強くもたれています。そのため、「社会教育＝生涯学習」、図1の右のように「生涯学習は大人の学び」という感覚の方も多いのではないでしょうか。しかし、社会教育法では「青少年」もその対象として位置づけていますので、社会教育は大人だけの学びとはいえません。では、生涯学習はどうでしょうか。生涯学習振興法（生涯学習の振興のための施策の推進体制等の整備に関する法律）では、都道府県の教育委員会が行う生涯学習の振興事業の第一に、学校教育及び社会教育に係る学習、文化活動の機会に関することをあげています。つまり、生涯学習は学校教育以外の事柄ではなく、学校教育を含めて、一生涯のライフステージにわたる形で営まれるものという理解です。そして、二〇〇六年改正の教育基本法では、第三条に「生涯学習の理念」が条項として新設され、「国民一人一人が、自己の人格を磨き、豊かな人生を送ることができるよう、その生涯にわたって、あらゆる機会に、あらゆる場所において学習することができ、その成果を適切に生かすことのできる社会の実現が図られなければならない」と規定しました。このことからも、図1の左のように「生涯にわたる学習」こそが、「生涯学習」という言葉の意味としては適切であり、たんに社会教育に代わる言葉ではないといえます。

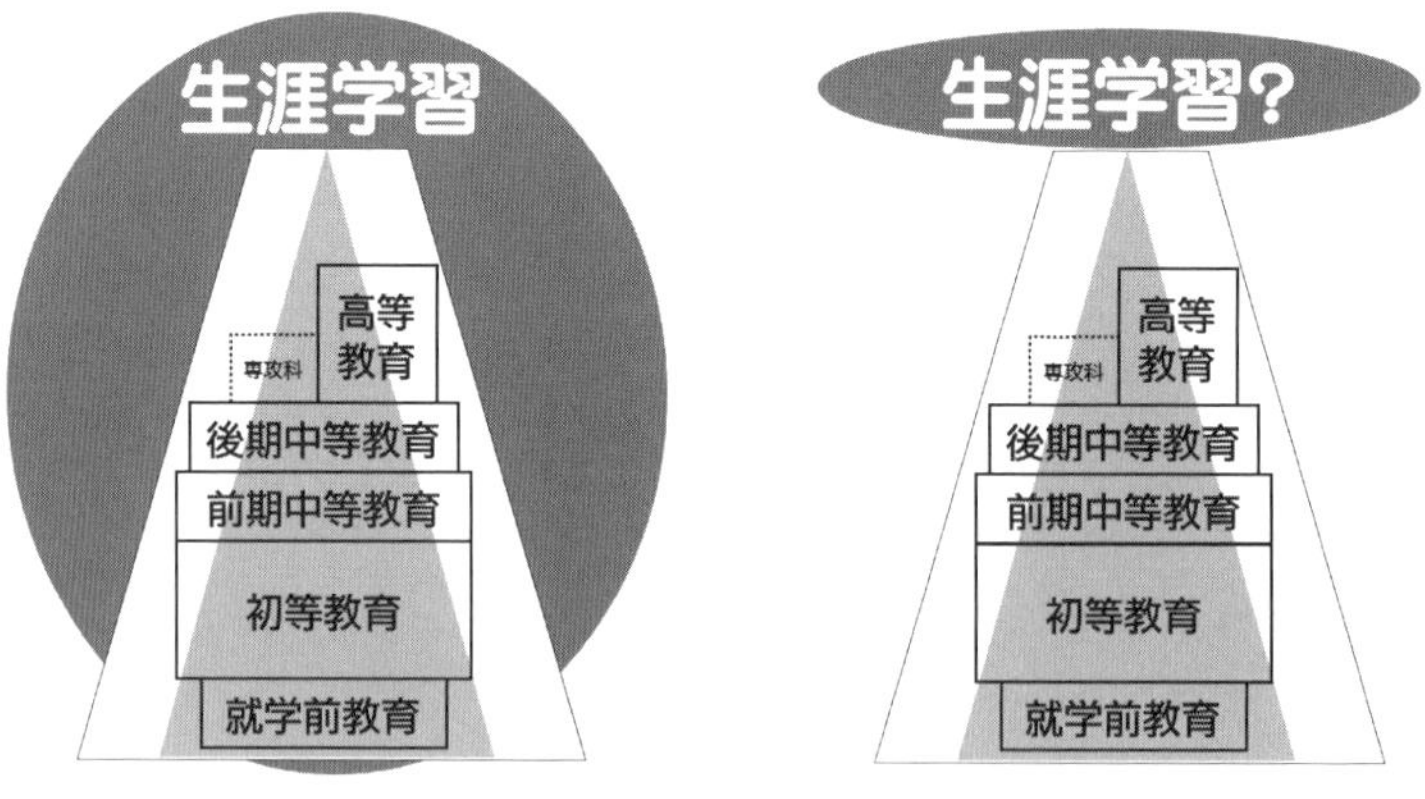

図1 「生涯学習」のイメージ比較

障害のある人の生涯学習

障害のある人にとっての生涯学習の意義とは、いったい何でしょうか。とりわけ、知的障害のある人を前提に考えてみます。わが国では国民全体の平均寿命が延伸しており、今日では「人生一〇〇年時代」といわれるようにもなりました。平均寿命の延伸は、わが国の障害のある人においても同様ではあると思われますが、知的障害のある人の平均寿命を探る統計データは簡単には見いだせません。たとえば、志賀利一氏は海外での知的障害者の平均寿命を紹介したうえで、国立重度知的障害者総合施設のぞみの園における利用者の死亡年齢の伸びを示し、「平均寿命のデータに代替はできないが、死亡年齢が次第に高くなっていることは間違いない」としています(1)。死亡年齢が高くなっているということは、人生が長くなっていると十分いえるでしょう。

知的障害のある人を例にしても、障害者の青年期以降の人生が延びていく一方で、生涯学習の機会が保障されることが必要になっています。二〇〇六年に採択された国連・障害者権利条約(二〇一四年日本国批准・発効)では、第二四条において障害者の教育の権利を認めるとともに、締約国に対して「この権利を差別なしに、かつ、機会の均等を基礎として実現するため、障害者を包容するあらゆる段階の教育制度及び生涯学習を確保する」と規定しました。「教育」というと、学校教育が想起される傾向にありますが、ここでは「生涯学習」(lifelong learning)の確保も明示しています。そして、第三条の一般原則で規定される「無差別」「機会均等」にもとづけば、生涯学習は権利として無差別に保障されるよう、ひとしくその機会均等を実現することが求められることになります。

しかし、これらは権利を形として保障(形式的保障)することを導く根拠にすぎません。第二四条では、教育制度及び生涯学習は「人間の潜在能力並びに尊厳及び自己の価値についての意識を十分に発達させ、並びに人権、基本的自由及び人間の多様性の尊重を強化すること」、「障害者が、その人格、才能及び創造力並びに精神的及び身体的な能力をその可能な最大限度まで発達させること」、「障害者が自由な社会に効果的に参加することを可能とすること」を目的としており、障害のある人の発達保障や社会参加を達成するうえでの教育の役割を示しています。この教育の目的にもとづいて、生涯学習における学習活動が人間発達にどのように寄与しているのか、その権利の中身の保障（実質的保障）の意義を明らかにすることも必要です。

知的障害のある人に対する学習機会のこれまで

障害のある子どもの教育・学習機会は、一九七九年度からの養護学校完全義務制実施、八〇年代半ば以降の後期中等教育の機会保障を求める教育権運動により、二〇世紀の終わりには養護学校高等部での訪問教育が本格実施に至るところまで到達しました。しかし、高等部より先の学習機会を保障する策は、今世紀に持ち越された課題で現在に至っています。丸山啓史氏は、学校教育修了後の知的障害者を対象とした教育として、わが国で組織的に取り組まれてきたものを大きく四つに整理しています[2]。それは、「障害者施設における教育的活動」、「社会教育として実施される障害者青年学級」、「大学における公開講座やオープンカレッジ」、「特別支援学校高等部等の専攻科における教育」というものです。現時点から考えれば、いずれも学校教育修了後の教育・学習機会であることには変わりませんが、その取り組みの成立過程には違いがあります。障害者施設での教育的活動と障害者青年学級は歴史的にも古く、障害のある子どもの学校教育の機会が十分に保障されてこなかった時代から取り組まれてきたものでした。一方で、大学公開講座・オープンカレッジ、専攻科教育は、後期中等教育の機会保障が進む二〇世紀末からその必要性が訴えられ、教育機会の継続性を軸に取り組まれるようになりました。いずれも、教育を権利として保障することを求め、生み出されてきたといえます。しかし、これらは教育制度として確立されたものとは言い難く、また制度による形をとっても財政面や運営上の基盤が弱いため、全国各地であまねく実施されてはいないのです。このように、障害のある人の生涯学習は、一八歳までの学校教育を保障する段階にはあっても、学校外の時間や一八歳で学校教育を終えた後の保障は、制度的にも不十分な状態にあるといえます。

本書では一八歳以降の学びに関する昨今の政策動向を第一章で概観し、その背景の一つにある「専攻科づくり」運動の取り組みを第二章で紹介します。第三章では「専攻科づくり」運動のなかで大切にされてきた青年期の「自分づくり」を例に、大人に向かっていく時期の学びの意味を考えます。第四章では、人の一生涯を豊かにする「ライフワイド」の視点で「自分みがき」の「生涯学習」を捉え、最後に地域におけるその機会をどのように生み出すかを述べます。これらを通じ、障害のある人の生涯学習の方途を考えてみましょう。

（1）志賀利一（二〇一五）「高齢の障害者の現状について―知的障害者を中心に―」厚生労働省第一回「高齢の障害者に対する支援の在り方に関する論点整理のための作業チーム」資料。ＱＲコード↓

（2）丸山啓史（二〇〇九）『イギリスにおける知的障害者継続教育の成立と展開――青年・成人教育の機会拡大とカリキュラム開発』クリエイツかもがわ、一五―一七ページ。

第一章　はじまった「特別支援教育の生涯学習化」

政策宣言による幕開け（二〇一六年）

二〇一六年一二月一四日、文部科学省は「文部科学省が所管する分野における障害者施策の意識改革と抜本的な拡充～学校教育政策から『生涯学習』政策へ～」と題した報告を公にしました[1]（資料1）。これは、省内の各部署から集められたメンバーで「特別支援総合プロジェクトタスクフォース」が組織され、同年一一月から二か月間に議論やヒアリングを行いまとめたものです。この「特別支援総合プロジェクト」とあわせて「障害者スポーツ推進」を目的とした同様のタスクフォースも設けられ[2]、それぞれの検討のまとめを松野博一文部科学大臣（当時）が大臣講話としてこの日に発表しました[3]。

大臣講話では、特別支援学校の視察を通じた大臣の体験等が語られ、今後の文部科学省の障害者施策の柱が導き出されています。それは、次の三つです。

①障害者が学校卒業後も含め、生涯を通じて豊かな人生が送れること

②ライフステージに応じて、障害者が個性や能力を発揮して活躍するために、文化・スポーツを含めた生涯学習施策の充実が必要

③特別支援学校は、こうした生涯学習活動の拠点であるということ

資料1　タスクフォース報告における文部科学省の障害者施策の方向性

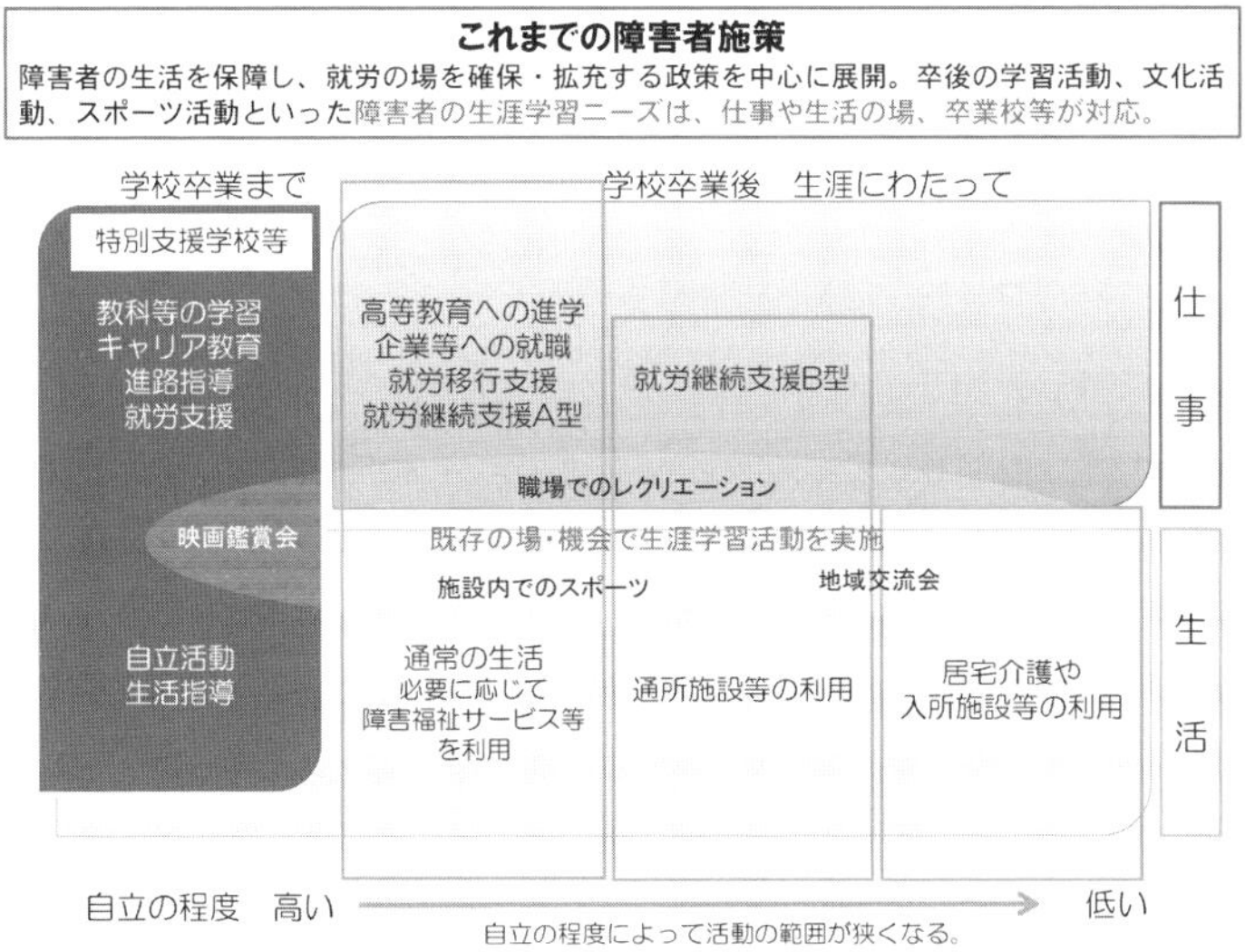

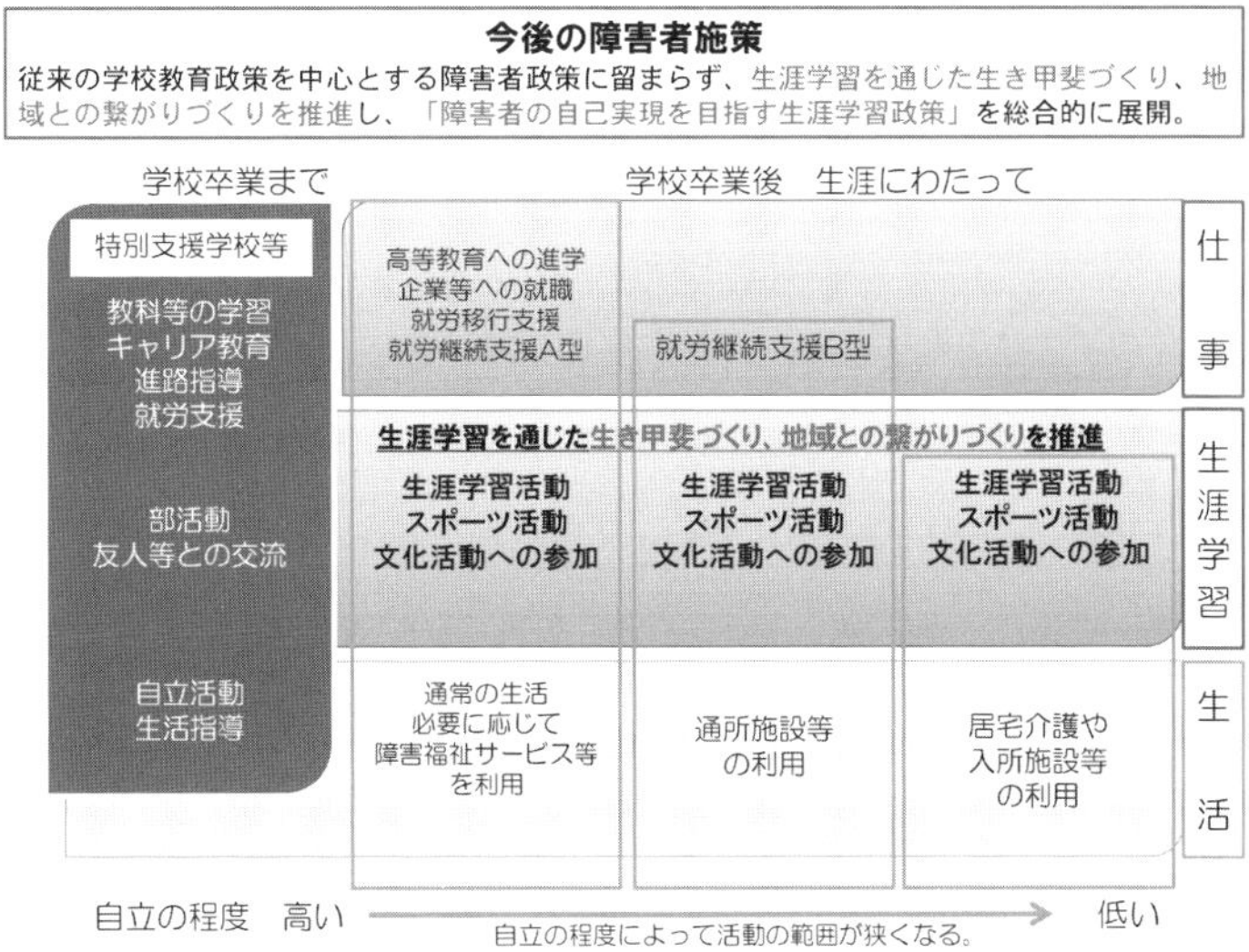

出典：文部科学省特別支援総合プロジェクトタスクフォース（2016）「文部科学省が所管する分野における障害者施策の意識改革と抜本的な拡充～学校教育政策から『生涯学習』政策へ～」（2016年12月14日）

という内容です。そして、これらを政策として進めていくために、翌二〇一七年一月には省内の生涯学習政策局に「特別支援総合プロジェクト特命チーム」を置くことが宣言されました。

大臣講話をもとにすると、二つのタスクフォースの動きは、第二次安倍政権が掲げた「一億総活躍社会の実現」をめざし閣議決定された、「ニッポン一億総活躍プラン」が契機になっています。「一億総活躍社会」とは、性別、年齢、障害等の違いに関わりなく、あらゆる場でだれもが活躍できる「全員参加型の社会」をめざした、「究極の成長戦略」とうたわれました。(4) 経済政策の「三本の矢」に象徴されたアベノミクスの第二ステージでは、わが国の少子高齢化問題が経済成長の隘路《あいろ》になっているという認識のもと、すべての人が包摂される「全員参加型社会」の実現により、消費の底上げや投資の拡大が期待されました。そこで、このプランでは新たな三本の矢として「戦後最大の名目GDP六〇〇兆円」「希望出生率一・八」「介護離職ゼロ」の目標を掲げました。このなかの「介護離職ゼロ」に向けた取り組みとして障害者施策が取り上げられ、「希望や能力、障害や疾病等の特性に応じて最大限活躍できる環境を整備することが必要」、「二〇二〇年東京オリンピック・パラリンピック競技大会を契機に、ユニバーサルデザインの社会づくり（心のバリアフリー、街づくり）を推進するとともに、障害者のスポーツ、文化芸術活動の振興」などが述べられています。

このような文部科学省の動きは、私も含めて長年にわたり障害者の生涯学習に関わってきた人々には驚きでした。実は大臣講話の九日後に、障害者の生涯学習に関わる実践者や研究者が愛知県名古屋市に結集し、「全国障がい者生涯学習支援研究会」（会長：田中良三愛知県立大学名誉教授）の設立及び第一回全国集会の開催を準備していたからです。二〇一六年が終わろうというこの時期、長年にわたる実践・研究の動きと国による政策の始動が、奇しくも重なることになりました。(5)

先に述べたタスクフォース報告では、「一億総活躍を推進している政府の中にあって、障害者であっても生涯にわたって学び続けることができるよう取り組み、生き甲斐づくり、地域との繋がりづくりを障害者施策の目的の中に位置づけていく意識改革と抜本的な拡充が、文部科学省に求められている」と述べています。さらに、二〇一七年度以降に「このような視点を踏まえた課題への対応が必要」と示しました。この報告は、国の教育行政が公式に障害者の生涯学習のあり方についての施策方針を示したものとして、非常に画期的なものです。

障害者の生涯学習といった場合、それまでは学校教育修了後の教育や学習機会の保障の意義や、それらに関わる実践が主に語られてきました。たとえば、社会教育実践としては「障害者青年学級」や「公民館喫茶」などの取り組みが知られ、また高等教育への接近の試みとして「オープン・カレッジ」「大学公開講座」といった取り組みなどがありました。また、施設や作業所といった障害福祉の現場で行われる学びの機会や、文化・芸術・スポーツ活動などを含めた実践も、生涯学習として広く扱われることもありました。しかし、これらの取り組みは、学齢期の部分は教育行政として文部科学省が担うもの、それ以外の時期は福祉行政として厚生労働省が担うものと理解される傾向にあったといえます。この傾向は地方行政においても同様で、一部の自治体が社会教育行政の所管で障害者青年学級を実施する以外は、学齢期以降の障害者に関わる施策は、その中身が生涯学習に関わる実践であっても福祉行政が所管する場合が多かったのです。そのため、学齢期以後の障害者の学習要求を正面から受け止める所管行政はなく、教育と福祉の狭間で半ば放置されてきた問題であったともいえます。報告では、「従来の学校教育政策を中心とする障害者政策から一歩進めて、障害者の生涯にわたる学習を通じた生き甲斐づくり、地域との繋がりづくりを推進し、『障害者の自己実現を目指す生涯学習政策』を総合的に展開していかなければならない」と述べるに至りました。国の教育行政が取り組む障害者施策が、学校教育中心にとどまらず、新たに生涯学習政策として「総合的に展開」する方向性を打ち出したことは、まさに歴史的な転換だったのです。

動き出した「特別支援教育の生涯学習化」（二〇一七年）

二〇一七年四月、文部科学省は生涯学習政策局（二〇一八年一〇月〜総合教育政策局）に「障害者学習支援推進室」を設置し、「特別支援教育の生涯学習化に向けて」と題した大臣メッセージを公表しました。そのメッセージには、漢字にルビが付けられたうえで、「これからは、障害のある方々が、学校卒業後も生涯を通じて教育や文化、スポーツなどの様々な機会に親しむことができるよう、教育施策とスポーツ施策、福祉施策、労働施策等を連動させながら支援していくことが重要」とし、これを「『特別支援教育の生涯学習化』と表現する」とされました（資料2）。

そして、大臣メッセージと同時に、「障害者の生涯を通じた多様な学習活動の充実について（依頼）」の文書も文部科学省から発せられました。その内容は、①障害者の多様な学習活動を総合的に支援する取り組み・体制の充実、②障害者の生涯学習支援活動に係る文部科学大臣表彰のための推薦、③障害者スポーツ振興を総合的に推進するための体制整備、④「Special プロジェクト2020」、⑤障害者による文化芸術活動の充実、⑥特別支援教育におけるスポーツ・文化芸術活動等の取り組みの充実、⑦小学校等における障害者に対する理解の推進、⑧高等教育における障害のある学生支援に関する検討、という八項目です。とくに①と②は、新たに設置された障害者学習支援推進室が中心となって進めていく所管事項となり、「特別支援教

資料２　大臣メッセージ「特別支援教育の生涯学習化に向けて」

特別支援教育の生涯学習化に向けて

平成29年4月7日
文部科学大臣　松野　博一

私はかねてより、障害のある方々が、この日本の社会でどうしたら夢や希望を持って活躍していくことができるかを考えてきました。その中でも印象的だったのが、特別支援学校での重い知的障害と身体障害のある生徒とその保護者との出会いです。その生徒は高等部3年生で、春に学校を卒業する予定であり、保護者によれば、卒業後の学びや交流の場がなくなるのではないかと大きな不安を持っておいででした。他にも多くの保護者から同様の御意見を頂きました。

これまでの行政は、障害のある方々に対して、学校を卒業するまでは特別支援学校をはじめとする「学校教育施策」によって、学校を卒業してからは「福祉施策」や「労働施策」によって、それぞれ支援を行ってきました。しかし、これからは、障害のある方々が、学校卒業後も生涯を通じて教育や文化、スポーツなどの様々な機会に親しむことができるよう、教育施策とスポーツ施策、福祉施策、労働施策等を連動させながら支援していくことが重要です。私はこれを「特別支援教育の生涯学習化」と表現することとしました。

文部科学省では、このような観点から昨年12月に「文部科学省が所管する分野における障害者施策の意識改革と抜本的な拡充」を公表しました。併せて、省内の体制を確立するために「特別支援総合プロジェクト特命チーム」を設置しました。さらに、今年度から生涯学習政策局に「障害者学習支援推進室」を新設しました。
今後、この「障害者学習支援推進室」を中心に、全省的に「Specialプロジェクト2020」や特別支援学校等における地域学校協働活動の推進、卒業後も含めた切れ目ない支援体制の整備の促進、障害のある学生への大学等における支援体制の充実等に取り組んでいきます。

各地方公共団体におかれては、障害のある方々がそれぞれのライフステージで夢と希望を持って生きていけるよう、生涯にわたる学習活動の充実を目指し、生涯学習や特別支援教育、スポーツ、文化、福祉、労働などの関係部局の連携の下、国と共に取り組んでいただきますようお願いいたします。

今週（4月2日～8日）は発達障害啓発週間です。
改めて、国と地方公共団体、企業に加えて地域の皆さまと共に、障害のある方々が分け隔てなく、互いに尊重し合いながら共生する社会の実現を目指していきたいと強く願います。

出典：文部科学省ホームページ 報道発表（2017年4月7日）
※本書の掲載に際してルビがない形にしました。

育の生涯学習化」による政策が、二〇一七年度より動き出しました。

また、これと同時期に、特別支援学校学習指導要領（小学部・中学部）が改訂・告示されました。そのなかで、生涯学習に関わる記述が盛り込まれます（高等部は二〇一九年二月に改訂・告示）。新たな学習指導要領では、すべての校種で第一章（総則）の前に前文が起こされ、特別支援学校では、たとえば小・中学部で「幼稚部における教育及び小学部における教育又は小学校教育の基礎の上に、中学部における教育又は中学校教育及び高等部における教育又は高等学校教育以降の生涯にわたる学習とのつながりを見通しながら、児童又は生徒の学習の在り方を展望していくために広く活用されるものとなることを期待」（傍線部引用者）と、「生涯にわたる学習とのつながりを見通し」ということが述べられています。これは、新しい学習指導要領全体に見られることですが、二〇三〇年頃の社会のあり方を見据え、複雑で予測困難な時代に主体的に関わり、自らの可能性を発揮する人間となることを求めるという文脈から、「生涯にわたる学習とのつながり」が学校教育全体で強調されることになりました。

特別支援学校学習指導要領の解説では、生涯学習に関わる記述の部分は「生涯学習への意欲の向上」と題され、この項で「ライフステージ全体を豊かなものとするため」に、「学校教育段階から将来を見据えた教育活動の充実を図ること」を示しています。また、「在学中から地域における活動に参加し、楽しむ態度を養うとともに、そのために必要な行政や民間による支援について学ぶなど、卒業後においても様々な活動に積極的に参加できるよう、生涯学習への意欲を高めること」と述べています。つまり、学校在学中から地域のスポーツ・文化芸術活動に参加したり、社会教育等の学習機会の情報を受けたりすることで、学校教育で培った知識・技能の活用、そしてもてる能力の伸長が、卒業後には期待されるということです。

実践研究を通した取り組みの拡大（二〇一八年〜）

二〇一八年度を前に、文部科学省は「学校卒業後における障害者の学びの推進に関する有識者会議」を設置しました（二〇一八年三月〜）。有識者会議は、議論のまとめとして翌二〇一九年三月に「障害者の生涯学習の推進方策について―誰もが、障害の有無にかかわらず共に学び、生きる共生社会を目指して―」と題した最終報告を公にします。[6]それと並行して、二〇一八年度からは、「学校卒業後における障害者の学びの支援に関する実践研究事業」（二〇二〇年度〜「学校卒業後における障害者の学びの支援に関する実践研究事業」）を開始しました。この事業の中心に「障害者の多様な学習活動を総合的に支援するための実践研究」が位置づけられ、学校から社会への移行期、生涯の各ライフステージにおける学習プログラムの開発やその実施体制に関する研究を公募のなかから選定しました（二〇一八年度一八団体、二〇一九年度二一団体選定）。

二〇一九年度、障害のある人自身による学びの成果発表、学びの場づくりに関する事例の共有、そして障害者の生涯学習活動に関する研究協議等を行うことを目的に、「共に学び、生きる共生社会コンファレンス」を全国六か所で開催しました。このコンファレンスでは、実践研究事業に選定された取り組みの成果が共有・発信される機会にもなり、それ以降も各地で創意工夫された方法や内容で行われています（二〇二〇年度七か所、二〇二一年度八か所、二〇二二年度一二か所）。

二〇二〇年度（二〇団体選定）には、地方公共団体を中心とした「地域における持続可能な学びの支援に関する実践研究」が加わります。さらに二〇二一年度（二二団体選定）はこの「地域における持続可能な学びの支援に関する実践研究」を軸とした事業内容に組み替え、地域コンソーシアムの形成による都道府県と大学等との連携による体制整備・人材育成、地域連携による市区町村の障害者を包摂する学習プログラムの

資料3　実践研究事業の選定を受けた特徴的な取り組み

■就労している知的障害者にとっての生涯学習の場と学びの中身

NPO 法人エス・アイ・エヌ
「集いの場 あゆみ」（広島県）

広島市障害福祉サービスの「地域活動支援センターⅡ型」を活用し、2016年～就労中の知的障害者の生涯学習支援を実施。就労先の休日によって、平日は趣味や特技を仲間と広げる活動、土日に生涯学習講座や文化活動や行事を実施。2018～20年度に実践研究事業「当事者ニーズを反映した生涯学習の実践的なテキスト開発とプログラム化の取組」として選定。知的障害者の就労や生活に生かす健康生活、食生活、障害者福祉、金銭管理等の学びの講座を実施。まとめとして、「自立を学びあう生涯学習講座」のテキストを作成し、HP で公開・ダウンロードが可能。

■社会人の履修制度を活用して大学で知的障害者を受け入れ

国立大学法人神戸大学
（兵庫県）

2019年度に「国立大学の教育資源を知的障害者に開放していく方策に関する実践研究」として選定。2020年度～兵庫県教育委員会が選定した「『ひょうご障害者の生涯学習』連携コンソーシアム」の事業として組み込まれる。神戸大学「学ぶ楽しみ発見プログラム」（KUPI：Kobe University Program for Inclusion）として、人間発達環境学研究科の津田英二教授が中心となり、知的障害者の大学教育を実践。初年度は大学の聴講生制度を、2年目以降は履修証明プログラムとして実施。KUPI の各年度報告は、津田研究室の HP で公開・ダウンロードが可能。

■当事者のやりたいことを実現、そして仲間が集う夕刻のたまり場

社会福祉法人一麦会
ゆめ・やりたいこと実現センター（和歌山県）

2018年～毎年実践研究事業に選定。「こんなことしたい！」という当事者のアイデアを、みんなで実現していくことを大切に、「やりたいこと講座」を企画実施。料理、写真、パソコン操作など、講座の内容は多岐にわたる。また、学習活動とあわせて活動の拠点となる古民家・山﨑邸で「夕刻のたまり場」を実施し、毎週水曜日に仕事終わりや夕方から出かけやすい仲間が集い、ゆったりほっこりとした活動を行っている。安心感のあるたまり場での話をきっかけに、講座の企画へと繋がったりもしている。各年度の報告書は、HP で公開・ダウンロードが可能。

■知的好奇心をくすぐる知的探求の学びとサードプレイスとしての学びの場

公益財団法人こうべ市民福祉振興協会
（兵庫県）

就労している障害者を対象にした生涯学習の場として、「KOBE しあわせの村ユニバーサルカレッジ」の開設が、2021年度～実践研究事業に選定。初年度に実施した講義は、文化人類学入門、調理、化石のレプリカ標本作成、阪神・阪急電車の歴史などを、その筋の専門家を講師に実施。また、神戸市の総合福祉ゾーン「しあわせの村」にある多様な施設を活かした部活動や世代間交流、自宅・職場に次ぐサードプレイスとして、「学び」を切り口とした余暇の充実と生活の彩りの一助を目指している。担任を置いて、受講生のクラスづくりにも努めている。HP には紹介動画も公開されており、初年度の様子がうかがえる。

開発をねらいとしました。二〇二二年度（二八団体選定）は、さらに大学・専門学校等における生涯学習機会の創出・運営体制のモデル構築を加えています。これまでこの事業の選定を受けた、特徴的な取り組みを資料3に紹介します（QRコードは関連するHPへのリンクです）。

ここで紹介した文部科学省による施策はほんの一部ですが、障害者の生涯学習を国が推進する時代がやってきたことは喜ばしい反面、それまでの実践を通じて関係者が求めてきたことが、今後どのような形になるのかを見定める必要があります。

（1）文部科学省特別支援総合プロジェクトタスクフォース（二〇一六）「文部科学省が所管する分野における障害者施策の意識改革と抜本的な拡充～学校教育政策から『生涯学習』政策へ～」二〇一六年一二月一四日。

（2）文部科学省障害者スポーツ推進タスクフォース（二〇一六）「文部科学省障害者スポーツ推進タスクフォース中間報告概要」二〇一六年一二月一四日。なお、中間報告の本文はスポーツ庁のＨＰで会議資料の一つとして公開されています。ＱＲコード↓

（3）松野博一（二〇一六）「障害者支援の総合的な推進に関する大臣講話」二〇一六年一二月一四日。講話の内容は、YouTube 文部科学省チャンネルでも閲覧できます。ＱＲコード↓

（4）「ニッポン一億総活躍プラン」二〇一六年六月二日閣議決定。

（5）全国障がい者生涯学習支援研究会ホームページ。ＱＲコード↓

（6）学校卒業後における障害者の学びの推進に関する有識者会議（二〇一九）「障害者の生涯学習の推進方策について―誰もが、障害の有無にかかわらず共に学び、生きる共生社会を目指して―（報告）」二〇一九年三月二九日。

第二章　「もっと勉強したい！」の声と専攻科づくり

教育は一八歳まででよいのか？

文部科学省による政策化以前に、障害者の生涯学習の必要性が全く語られてこなかったわけではありません。第一章で述べたように、二〇一六年一二月の政策宣言のタイミングで、障害のある子ども・青年の教育に関わる有志で、障害者の生涯学習に関する研究会を立ち上げようとしていました。私はとくに、学校教育による教育年限延長の場として特別支援学校高等部に専攻科を設ける「専攻科づくり」運動に、二〇〇〇年代初めから関わってきた一人です。この運動は、障害青年の多くが一八歳で学校教育を終え、それ以後に教育の機会が保障されていないことへの疑問から出発しました。

「令和三年度学校基本調査」（文部科学省、表1）によると、二〇二一年三月に高等学校（全日制・定時制）を卒業した者の進学率は、大学等への進学が五七・四％、専修学校（専門課程。いわゆる専門学校のこと）への進学が一七・三％と、合わせて七四・七％です。他方、特別支援学校高等部卒業者の進学率は、大学等への進学が一・九％、専修学校（同）への進学が〇・三％と、合わせると二・二％であり、両者の間には三四倍の開きが存在しています。障害の有無にかかわりなく、すべての国民が「その能力に応じて、ひとしく教育を受ける権利」を有することを、日本国憲法第二六条は規定していますが、未だ高等学校段階（後期中等

表１　高校・特別支援学校高等部卒業者の進学・就職率

（単位％）

	大学等進学率	専修学校（専門課程）進学率	就職率
高等学校	57.4	17.3	15.7
特別支援学校	1.9	0.3	21.0
視覚障害	33.6	2.8	7.0
聴覚障害	41.4	2.5	28.4
知的障害	0.4	0.1	22.9
肢体不自由	2.1	0.3	2.6
病弱・身体虚弱	6.0	4.7	12.5

出典：文部科学省「令和３年度学校基本調査」（確定値）から國本作成

教育）以降の教育の機会保障をめぐっては、障害のある子ども・青年にとっては大きな壁になっているのです。

文部科学事務次官を経験した前川喜平氏は、「高校を卒業してから二年ぐらいは、意欲さえあれば誰でも学べるような多様な場を、国民全体で保障してやる仕組みがあってしかるべき」で、「知的障害のある人でも、その人にふさわしい高等教育あるいは継続教育が受けられるような、そういう仕組みがあってしかるべき」と述べています。また、その実現に向けて「手始めに、特別支援学校の高等部に、知的障害のある子どものための専攻科を設けるという手法もあります」と、知的障害のある人の高等教育の機会保障に向けて、「専攻科」の設置の可能性を指摘しています[1]。

障害青年にとっての進学の壁

障害のある子どもが学ぶ学校機関として、学校教育法にもとづく「特別支援学校」があります。特別支援学校は、「幼稚園、小学校、中学校又は高等学校に準ずる教育」を施すこととし（第七二条）、それぞれに対応する幼稚部、小学部、中学部、高等部の設置が規定されています（第七六条）。対象とする障害は、視覚障害、聴覚障害、知的障害、肢体不自由、病弱・身体虚弱の五種類です。ところが、特別支援学校には「大学部」のような規定はありません。そのため、障害のある人が大学への進学を希望する場合は、制度上では通常の大学・短期大学等の高等教育機関をめざす道が想定されます。前出の表1では、特別支援学校高等部卒業者の大学等への進学を障害種別で見ると、視覚障害三三・六％、聴覚障害四一・四％、知的障害〇・四％、肢体不自由二・一％、病弱・身体虚弱六・〇％となっており、進学率の高い聴覚障害と逆に低い知的障害を比較すると、一〇三・五倍の開きが存在しています。これにより、障害の有無で進学に差があるだけではなく、障害種別によっても差があることは明白です。一八歳で学校教育を終える知的障害のある青年たちは、その多くが就職（就労）や障害福祉サービスの利用へと進んでいるのが実態です。

知的障害のある人の進学をどのように実現するかは大きな課題です。特別支援学校に大学部を設けることは容易ではありませんが、現行法の規定にもとづいて高等部に「専攻科」という学びの場を設置することは可能です。「専攻科」は、学校教育法第一条に規定される学校（一条校）のうち、高等学校・中等教育学校・大学・短期大学・高等専門学校といった教育機関に設置することが可能なものです。対象者は、当該種の学校を卒業もしくはそれと同等以上の学力を有する者などで、「精深な程度において、特別の事項を教授し、その研究を指導すること」を目的とし、一年以上の修業年限を設定しています。特別支援学校においては、学校教育法で高等学校での専攻科・別科に関する設置条項（第五八条）にもとづき、準用規定（第八二条）によって高等部に設置することが可能となっています。統計上は、専攻科に進むことは「進学」として扱われますが、法的には高等部より上級の教育階梯ではなく、高等部本科と同じ後期中等教育における継続教育機関として位置づけられます。

表２ 知的障害対象の特別支援学校高等部専攻科の設置状況

学校名	所在地	専攻科設置年度	設置者	修業年限
いずみ高等支援学校	宮城県	1969年	学校法人	2年
特別支援学校 光の村土佐自然学園	高知県	1975年	学校法人	2年
旭出学園（特別支援学校）	東京都	1981年	学校法人	3年
聖坂養護学校	神奈川県	1985年	学校法人	2年
支援学校 若葉高等学園	群馬県	1994年	学校法人	2年
特別支援学校 聖母の家学園	三重県	1995年	学校法人	4年
三愛学舎	岩手県	1996年	学校法人	2年
鳥取大学附属特別支援学校	鳥取県	2006年	国立大学法人	2年
特別支援学校 光の村秩父自然学園	埼玉県	2008年	学校法人	2年
支援学校 仙台みらい高等学園	宮城県	2021年	学校法人	2年

注）聖母の家学園は、2017年度から４年制に移行。それ以前は２年制課程。

文部科学省の統計上、特別支援学校の専攻科の設置校の数は明らかではありません。古くから、視覚障害（盲学校）や聴覚障害（聾学校）の学校での専攻科は知られていますが、その多くは職業学科の形で設置されていました。そのほかの障害種を対象とした学校（養護学校）では、知的障害を対象とした学校で一〇校が専攻科を設置しています（二〇二二年度、表2）。このうち、一校は国立大学法人の附属校で、残りは学校法人（私立）が設置者であり、知的障害を対象とした公立校（都道府県市町村立）の専攻科は、未だ存在していません。

学校の「専攻科」設置を求めて

二一世紀に入った頃、一八歳以降も、さらに教育を受け続ける機会を求める声が全国各地であがりました。世紀転換期の前後、高等部卒業後の教育の機会として、知的障害のある人を対象とした「オープン・カレッジ」が大阪府立大学を起点に西日本を中心に広がりました[2]。これは、高等教育への接近を志向した取り組みです。他方で、関東では東京学芸大学が知的障害のある人を対象とした大学公開講座を行いましたが、こちらは生涯学習を志向した形でした。[3] しかし、いずれも大学への入学や学籍を保障するものではなく、学校として毎日通う場ではなかったのです。そこで注目されたのが、数は少ないものの特別支援学校で設置されていた高等部専攻科の存在です。

専攻科の設置を求める声は、二〇〇四年に結成された「全国専攻科（特別ニーズ教育）研究会」（全専研）の結成と相まってさらに高まりました。「知的障害があっても大学に」、「障害があるからこそ、ゆっくり学ぶ時間が必要」、「僕もお兄ちゃんのように大学に行きたい」など、いずれも一八歳で学校教育が終わってしまうのではなく、引き続き希望する人には学びの機会を権利として保障していこうと考える人々が全専研に集ってきています。前述のとおり、知的障害対象の専攻科は、いずれも国立・私立の学校です。[4] 全国に特別支援学校は一〇〇〇校を超えますが、その九五％は公立校で占めますので、公立校で専攻科が設置されることにより門戸が広がることが期待されます。しかし、公立校で、しかも知的障害を対象とした学校の専攻科の設置はなかなか実現からは遠い状況です。

また、専攻科の設置は、特別支援学校に限られていません。鹿児島県日置市の私立「鹿児島城西高等学校」は、本科の普通科に軽度の知的障害を受け入れる共生コースを設け、それに続く形で二〇〇二年から「福祉共生専攻科」を置いています。また、愛知県名古屋市にある父母立の無認可高校として一九九〇年に誕生した「見晴台学園」は、学習障害児（発達障害児）を対象として、高等部本科三年＋専攻科二年の五年一貫教育の形を試みてきました。二〇一三年には、法定外（無認可）の形ですが高等教育課程として「見晴台学園大学」を置きます。[5] そして、専修学校には法律上「専攻科」の設置根拠はありませんが、高等課程を置く大阪府堺市の「やしま学園高等専修学校」は、別科の形で通称「専攻科」を二〇〇三年に置き、特別な教育的ニーズを有する青年たちを受け入れています。やしま学園では、専攻科後の進路として学校とは別にNPO法人を二〇一七年に立ち上げ、「やしま研究科」という専攻科に続く学びの場も独自に設けています。(6)

福祉制度の活用で生み出されたアイデア

しかし、専攻科ができることを待っている間に、多くの青年たちが学校教育を終えていくことになります。そこで生み出されたアイデアが、「教育がだめなら福祉で」ということで、障害福祉サービスを活用した「福祉型」の専攻科を設ける動きです。

「福祉型専攻科」と称される取り組みは、和歌山県で生まれました。和歌山県内では、高等部卒業後の進学先として、隣県の専攻科設置校への進学実績が実現していましたが、自県内での進学先としての専攻科設置を求める運動が始まります。県内の紀南エリアで専攻科教育の実現を求める「紀南養護専攻科を考える会」が組織され、県立の特別支援学校高等部に専攻科を設置することを求め、教育行政との懇談を行いました。しかし、県の教育行政は緊縮財政を理由に専攻科設置は不可能という回答でした。そこで、「教育がだめなら福祉で」という発想から、田辺市周辺の障害福祉サービス事業所に専攻科の教育的意義を説明し、福祉の力で新たな事業展開を期待できる事業所を探していきます。そのなかで反応を示した事業所が、多機能型施設のなかに、専攻科に模した学びの場を開設することになりました。(7) 二〇〇八年、多機能型施設「たなかの杜」（運営：社会福祉法人ふたば福祉会）に開設された「フォレスクール」が、その第一号です。

フォレスクールが依拠した制度は、障害福祉サービスの「自立訓練事業（生活訓練）」です。「自立訓練事業」は、一八歳以上の障害のある人に対して「自立した日常生活又は社会生活を営むことができるよう、

（中略）、身体機能又は生活能力の向上のために必要な訓練」などを目的としたものです（障害者総合支援法第五条第一二項）。身体機能の向上を目的としたものが「機能訓練」、生活能力の向上を目的としたものが「生活訓練」と分かれていますが、「生活訓練」は「障害者支援施設若しくはサービス事業所又は障害者の居宅において行う入浴、排せつ及び食事等に関する自立した日常生活を営むために必要な訓練、生活等に関する相談及び助言その他の必要な支援」を行うと規定しています（障害者総合支援法施行規則第六条の七第二号）。事業で実施する具体的な中身は明確に定式化されているものではないため、「自立した日常生活を営む」ことを目的とした「必要な訓練」として、特別支援学校の専攻科で行われている教育の中身の実現を画策し、それが認められました。なお、この事業の利用は、通所利用で二年間が標準とされ、最大で三年間となっています。

共有されたアイデアがさらに広がる

フォレスクールの取り組みにならい、二〇一一年、兵庫県神戸市で「福祉事業型『専攻科』エコールKOBE」（運営：株式会社WAPコーポレーション）が開設されました[8]。フォレスクールでは、当初「専攻科」という教育機関の用語を使用することが認められず、「学ぶ作業所」や「学びの作業所」と表現していました。福祉行政からすれば、教育行政が管轄する領域の用語を、福祉事業の実施において用いることは容認できないという考えによるものだったのです。ところが、エコールKOBEが打ち出した「福祉事業型『専攻科』」という表現は、兵庫県では認められました。こうして、「学びの作業所」という言葉に代わり、「福祉事業型『専攻科』」または「福祉型専攻科」という言葉で、障害福祉サービスを活用した学びの場づくりのアイデアが、全専研を通じて共有され、そして全国に拡散されていくことになりました。

田中良三氏によると、全国の「自立訓練事業等を活用した学びの場」として、二〇一八年度までに四〇を超える事業所の設置が紹介されています。[9] しかし、これらを厳密に見ていくと、「福祉型専攻科」といっても、福祉制度の活用の方法や各事業所の目的の点でいくつかの違いも見ることができます。たとえば、フォレスクールやエコールKOBEのように、障害福祉サービスの自立訓練（生活訓練）を活用している事業所がある一方で、さらにそれに就労移行支援事業を組み合わせた形も存在しています。この場合、自立訓練事業二年間＋就労移行支援事業二年間の計四年の期間が創出されることをふまえ、専攻科を超えた大学教育を志向する目的から、「福祉型大学」「カレッジ」等の表現が用いられています（たとえば、株式会社ゆたかカレッジ）。[10] また、生活介護事業を活用している事業所（たとえば、いずみ野福祉会「シュレオーテ」）も存在し、依拠する福祉制度が、必ずしも自立訓練事業にとどまっているというわけではありません。[11]

また、福祉事業の場合、基本的には一八歳以上を対象とした利用ではあっても、青年期にとどまらない成人期や壮年期のライフステージにいる障害のある人も対象となります。正確な数を追うことはできませんが、丸山啓史氏の調査を参考にすると、「学びの作業所」に該当する自立訓練事業所の通所者の九割が一九〜二一歳、二二〜二五歳が〇・四割、三一歳以上が〇・三割という数字も浮かんでいます。[12] 二〇一六年に茨城県つくば市に開所した「福祉型専攻科シャンティつくば」の一年目を振り返り、学園長を務める船橋秀彦氏はそこで学ぶことに至った青年たちの経緯を、①特別支援学校や高等学校を卒業後すぐに利用している学生、②会社や福祉事業所へ通っていたが何らかの理由で辞めてしまった学生、③在宅でひきこもっていた学生、④福祉事業所に通いながら週何日かをシャンティで学んでいる学生、と整理しています。[13] そして、①には青年期教育の場、②③には人間恢復の場、④には文化的体験の場を提供する形で、自らの事業所の実践の意味を位置づけています。一八歳から継続した学びを行う特別支援学校の専攻科とは異なり、福祉型専攻科が成人期の利用者にとって「人間恢復」や「文化的体験の場」となっている点は注目されます。渡部昭男氏は「学校法制に乗らない福祉事業だからこそ、学校（専攻科や大学）にはない意義と可能性がある」と、福祉型専攻科に固有の意義や可能性を指摘していますが[14]、学校の専攻科設置を求めることと併せて、広がっている福祉型専攻科のような場での学びの実践を積み重ねることで、障害青年にとっての一八歳以降の学びの価値を高めていく状況にあるでしょう。

このように、障害のある人の多くが一八歳で学校教育を終えているとはいえ、それ以降も希望すれば継続した教育の機会を保障しようという「専攻科」の試みがあります。それは、教育年限が現状の一八歳でよいのかという問題提起を示しているといえるでしょう。しかし、本来ならば学校に専攻科が設置されることを望みつつも、その実現を待つことができないなかで「福祉型専攻科」のアイデアが生み出されたわけです。そして、専攻科でも終わらず、その先の教育の機会保障も見えてきています。第一章で述べた文部科学省による障害者生涯学習の政策は、政策が打ち出される前から取り組まれてきた民間レベルでの動きを、どのように踏まえていたのでしょうか。

（1）前川喜平・寺脇研（二〇一七）『これからの日本、これからの教育』ちくま新書、一二一、一二五ページ。

（2）建部久美子編著・安原佳子著（二〇〇一）『知的障害者と生涯教育の保障――オープン・カレッジの成立と展開』明石書店。鳥取県内での取り組みについては、國本真吾・谷垣静子・黒多淳太郎（二〇〇三）「知的障害者を対象とした高等教育保障の実践――『オープンカレッジin鳥取』の現状と課題」『鳥取大学教育地域科学部教育実践総合センター研究年報』

第一二号、六七―七三ページ。

（3）知的障害者を対象とした東京学芸大学の公開講座は一九九五年に始まり、二〇〇六年以降は「オープンカレッジ東京」となっています。松矢勝宏監修・養護学校進路指導研究会編（二〇〇四）『大学で学ぶ知的障害者――大学公開講座の試み』大揚社。オープンカレッジ東京運営委員会編（二〇一〇）『知的障害者の生涯学習支援――いっしょに学び、ともに生きる』東京都社会福祉協議会。

（4）国立大学法人が設置する知的障害対象の専攻科は、鳥取大学附属特別支援学校のみです。鳥取大学附属特別支援学校の専攻科については、次を参照。渡部昭男（二〇〇九）『障がい青年の自分づくり――青年期教育と二重の移行支援』日本標準。鳥取大学附属特別支援学校著・三木裕和監修（二〇一七）『七転び八起きの「自分づくり」――知的障害青年期教育と高等部専攻科の挑戦』今井出版。

（5）田中良三・大竹みちよ・平子輝美・法定外見晴台学園大学（二〇一六）『障がい青年の大学を拓く――インクルーシブな学びの創造』クリエイツかもがわ。

（6）特定非営利活動法人青年の学びと生活を保障する会・やしま研究科ホームページ。ＱＲコード↓

（7）出口幸三郎（二〇〇八）「学ぶ作業所　フォレスクール」全国専攻科（特別ニーズ教育）研究会編『もっと勉強したい！――障がい青年の生活を豊かにする学びと「専攻科」』クリエイツかもがわ、九一―九四ページ。

（8）岡本正・河南勝・渡部昭男（二〇一三）『福祉事業型「専攻科」エコールＫＯＢＥの挑戦』クリエイツかもがわ。

（9）田中良三（二〇一八）「自立訓練事業等を活用した『学校から社会への移行期』における学びのプログラム及び支援について（メモ）」学校卒業後における障害者の学びの推進に関する有識者会議（第四回、二〇一八年五月二三日）配付資料。ＱＲコード↓

（10）長谷川正人著、田中良三・猪狩恵美子編（二〇一五）『知的障害者の大学創造への道――ゆたか「カレッジ」グループの挑戦』クリエイツかもがわ。長谷川正人・ゆたかカレッジ編著（二〇二〇）『知的障害者の高等教育保障への展望――知的障害者の大学創造への道2』クリエイツかもがわ。

（11）伊藤修毅監修・ＮＰＯ法人大阪障害者センター総合実践研究所青年期支援プロジェクトチーム編（二〇二〇）『障害のある青年たちとつくる「学びの場」』かもがわ出版。田中良三・國本真吾・小畑耕作・安達俊昭・全国専攻科（特別ニーズ教育）研究会編（二〇二一）『障がい青年の学校から社会への移行期の学び――学校・福祉事業型専攻科ガイドブック』クリエイツかもがわ。

（12）丸山啓史（二〇一五）「知的障害のある青年の『学びの場』としての自立訓練事業の役割」『京都教育大学教育実践研究紀要』第一五号、一八一―一九〇ページ。

（13）船橋秀彦（二〇一七）「豊かな青年を目指す福祉型専攻科シャンティつくば」『二〇一六年度福祉型専攻科シャンティつくば実践報告集』第一号、一七ページ。

（14）渡部昭男（二〇一三）「障がい青年の自分づくりと二重の移行支援」前掲8、二〇八ページ。

第三章　青年期の自分づくりを保障する学び

福祉型専攻科が「移行期」の学びとして注目された？

障害のある人も、希望すれば一八歳以降も継続して教育の機会が保障されるようにと願う「専攻科づくり」運動は、文部科学省が推し進める障害者生涯学習推進施策とどのように絡むのでしょうか。ここで、第一章に登場した、文部科学省の「学校卒業後における障害者の学びの推進に関する有識者会議」による「障害者の生涯学習の推進方策について―誰もが、障害の有無にかかわらず共に学び、生きる共生社会を目指して―」と題した最終報告について見てみましょう[1]。

最終報告は、まず目指す社会像に「誰もが、障害の有無にかかわらず共に学び、生きる共生社会」を掲げ、障害者の生涯学習推進において、とくに重視すべき視点を四つ示しています。それは、「本人の主体的な学びの重視」、「学校教育から卒業後における学びへの接続の円滑化」、「福祉、労働、医療等の分野の取組と学びの連携の強化」、「障害に関する社会全体の理解の向上」というものです。このうちの、「学校教育から卒業後における学びへの接続の円滑化」が、最終報告の核となる内容といえます。具体的には、「学校卒業後における障害者の学びの場づくり」が必要だと考え、その場づくりを「学校から社会への移行期の学び〈視点1〉」、「各ライフステージにおいて求められる学び〈視点2〉」という二つの視点から論じました。

〈視点1〉「学校から社会への移行期」について、最終報告は一八～二四歳を「移行期」とし、とくに知的障害者の特別支援学校高等部卒業後について、「高等部卒業後も引き続き教育を受け、多様な生活体験・職業体験を行ったり、他者とのコミュニケーションを行ったりするなかで生活や就職の基盤となる力を身に付け、成長したいと考える者もいる」と述べます。そこで、「障害福祉サービス等と連携して、学校卒業直後の一定期間、学びの機会を提供する例」があると述べ、国は「学校から社会への移行期の学びに関する支援方策を立案する必要」があるとしました。

〈視点2〉「各ライフステージにおいて求められる学び」は、移行期以降のライフステージに着目した学びについて触れています。就労・生活の場以外で、「仲間と共に新しいことを学んだり、スポーツや文化芸術活動に親しんだりするほか、職業生活に関わる学習を行う」など、生涯を通じて就労や生活を支える「学びの場」づくりの推進が必要であるとしました。そして、〈視点1・2〉に共通した留意点として、「本人が学びたいことを起点としたプログラム構成」で「支援者が一方的に作りこみすぎない」ようにすることや、「一定の学習プログラムを修了したら修了証を授与する」などとしています。

最終報告によると、「学校から社会への移行期の学び」の内容は、「学校教育を通じて身に付けた資質・能力をさらに発展させるための学習」、「多様な生活体験、職業体験等を体系的に行う中で、主体性を持って物事に取り組みやり遂げる力、コミュニケーション能力や社会性などを伸ばし、その後就業し自立した生活を送る基礎力を身に付けるための学習」等の充実を例として挙げています。また、移行期の学びのプログラム策定に当たっての留意すべき観点例として、資料4のように学習目標・内容・方法についても示しています。

移行期と同様に、それ以降の青年期・成人期・高齢期といった各ライフステージにおける学習内容に関し

資料4　移行期の学習内容の観点例

＜プログラム策定に当たって留意すべき観点例＞　※主に知的障害者を想定

ア　学習の目標（育成を目指す資質・能力）

例：「自分で考え決定し行動する力」や「人や社会と関わる力」など

イ　特に重要と考えられる学習内容

例：・学校教育を通じて身に付けた資質・能力の維持・開発・伸長に関する活動
・就業体験・職場実習
・多様な生活体験や社会体験
・性に関する学びや防犯教育
・教養、文化芸術、スポーツ

ウ　効果的と考えられる学習方法

例：・自ら主体的・協働的に調べ・まとめ・発表する学習
・自分たちで学習や交流を企画する学習

出典：学校卒業後における障害者の学びの推進に関する有識者会議（2019）「障害者の生涯学習の推進方策について―誰もが、障害の有無にかかわらず共に学び、生きる共生社会を目指して―（報告）」（2019年3月29日）

資料5　各ライフステージの学習内容の観点例

＜プログラム策定に当たって留意すべき観点例＞　※主に知的障害者を想定

ア　ライフステージの考え方

例：青年期・成人期・高齢期などの生活年齢に基づく一般的な区分のほか、個人の障害の状態や特性、環境因子が影響する生活機能の状態を考慮

イ　学習の目標（育成を目指す資質・能力）

例：各ライフステージにおける課題に対応するための力として、「自分で考え決定し行動する力」や「人や社会と関わる力」など

ウ　重要と考えられる学習内容

例：「個人の生活」「社会生活」「職業」の各々に必要な知識・スキルや、スポーツ、文化芸術、教養に関することなど

※　その際、多様な学習内容が想定されるため、一定の類型（例：「知識や経験を広げる学習」「自立生活に関する学習」「就労に向けた学習」「コミュニケーションを豊かにする学習」など）に即して整理することも検討

エ　効果的と考えられる学習方法

例：・日常生活に根差した生活課題を取り上げて学ぶ学習
・講義だけでなく、学習者による活動や発表等も組み込んだ、主体的・協働的な学習
・仲間や多様な人々との交流学習
・資格取得に向けた学習 など

出典：同上

ては、就労や生活の場に限定せず、「仲間と共に新しいことを学んだり、スポーツや文化芸術活動に親しんだりするほか、職業生活に関わる学習を行うなど、生涯の各ライフステージを通じて、就労や生活を支える『学びの場』づくりを推進する必要がある」とし、各ライフステージにおける学びのプログラム策定に当たっての留意すべき観点例を、**資料5**のように示しました。

学校から社会への移行期、各ライフステージのそれぞれで、主体的な判断や行動の力、人や社会との関わりに関する「資質・能力」の育成が学習目標とされ、それに向けた学習内容や方法が挙げられていることがわかります。しかし、「専攻科」に代表されるような一八歳以降の障害青年を対象とした学びの場においては、これらはすでに意識されてきた内容だったといえます。むしろ、それまで取り組まれてきたことが、政策として拾い上げられた（もしくは取り込まれた）と見ることができるでしょう[2]。

「子どもから大人へ」の移行期における自分づくり

しかし、移行期とされた一八歳段階は、「学校から社会へ」だけではなく、もう一つ「子どもから大人へ」という移行とあわせて、青年期の二重の移行を丁寧に保障する必要があります。渡部昭男氏は、青年期教育を「青年自身による子どもから大人への自分づくりを、教育的に組織し、方向づけ、援助すること」と定義し、その自分づくりは「子どもから大人への移行は直線的な発展ではなく、揺れ動きつつ、それまでの様式を否定して新しい様式を再構築する過程」と表現します[3]。また、その再構築の時間に関しては、「障害を有するが故に、子どもから大人への育ちをじっくりと保障する必要がある」とし[4]、「学校から社会へ」「子どもから大人へ」という二重の移行を、障害のある人にも青年期教育の形で保障することを説いています。このことは、全専研に集っている人々も含め、「専攻科づくり」運動において基調としてきたものです。

そもそも青年期というライフステージは、身体的・心理的・社会的に、子どもの時代から大人の時代へと移行する過渡期です。「子どもから大人へ」と移行するこの時期は、「第二の誕生」「疾風怒濤の時代」などとも表現され、アイデンティティ（自我同一性）の確立が発達課題だとされます。アイデンティティの確立とは、「自分は何者か？」などの問いを通して、自分自身を形成していくことです。

しかし、障害青年の場合、特別支援学校では「キャリア教育」の名のもとで実施される技能検定に代表される教育や職業自立が強調され続け、高等部の三年間を終えているのが実状です。青年期の自分づくりを丁寧に保障する時間的な余裕など、今の学校教育においては十分だとはいえないでしょう。本人や家族、教師などが「せめて、あと二年……」と卒業までの時間が延びないかと思っても、それをかなえる場は全国にあまねくは存在していません。一八歳で学校教育が終わってしまうからこそ、詰め込み型で「学校から社会へ」と移行することが急かされ、青春を謳歌しながら人格を豊かに太らせていく「子どもから大人へ」の営みは二の次です。青春時代の恋愛や仲間との時間などは、職業自立を目指すうえでは切り捨てられていきます。全専研に代表される「専攻科づくり」運動は、たんに一八歳以降も学びを保障しようと求めているのではなく、一八歳で終わってしまう障害のある人の学校教育の制度やその中身に対してのアンチテーゼでもあるといえます。その意味から、「教育年限延長」という言い方を用いて、二重の移行に必要な時間的余裕から青年期の自分づくりに資する学校教育となるよう問うてきましたが、先の最終報告ではどこかその一面だけが取り込まれたという感があります。

青年期の自分づくりに関わる実例から

ここで、青年期の学びの場における知的障害のある青年の姿から考えてみましょう。特別支援学校教諭の澤田淳太郎氏は、知的障害を対象とした専攻科における実践を紹介しています。[5] 高等部本科から専攻科に進学した自閉スペクトラム症の青年二人が、高等部本科時代から常に衝突してきた関係性のなかで、専攻科でどのように変容していくかが綴られています。

Aくんは気になることがあると、とにかく質問せずにはいられませんでした。ルールやマナーは「守らないといけない」と大変真面目です。ルールやマナーを守っていない人が気になり、そのことについて注意をします。また、緊張したり怖い思いをしたりすると、笑いが出てしまいます。（後略）

Bくんは、「○○な場合はこうするもんだ」という自分なりの価値観をもっていました。一方で、時間や持ち物にはルーズという面もありました。いつも登校ギリギリに来るので、「もっと時間に余裕をもって来て」と言われると、ゆっくりと時計を指差して、「いまが（登校の）時間ですけど」とジャストその時間に来たことを静かに訴えます。（後略）

同じ自閉スペクトラム症でも、AくんとBくんの姿は対照的です。専攻科進学後はAくんの指摘に対してBくんが応答する姿が見られていました。実際に彼らの姿を知る私からすると、Aくんは多弁でかつ正義感が強いタイプで、Bくんに対して「こうした方がよい！」と先に口が出てしまう姿が目立ちます。またBくんは、専攻科進学当初は常に眉間にしわを寄せ険しい表情が見られ、Aくんからの指摘に対して「わかってるよ！」とうっとうしがり、強い口調で返すことが多かった印象です。しかし、彼らの「お笑い」への興味・関心という共通項を手掛かりに、二人によるコントづくりの授業に澤田氏は取り組みます。澤田氏は「お笑いコント」づくりの単元のねらいを、次のように考えました。

・誰かに見せるという他者意識をもちながら計画する（自己客観視につながるのでは）。
・仲間と試行錯誤しながらどうすれば面白くなるかを考える（意見を言い合う。こうした方が面白くなるんじゃないかと笑いの価値観をぶつけあう。その中で気持ちを調整していくのでは）。
・話し合う中で、相手（仲間であったり、見ている人であったり）への理解を深めていく。

この実践では、コントの台本づくり、リハーサルの場面で、演者である二人の意見が衝突しあう様子が描かれています。コントは学校を舞台にした設定で、ボケの生徒役をAくん、ツッコミの教師役をBくんが演じました。普段の二人の関係性とは逆の立ち位置ですが、コントづくりを通じて単元のねらいは達成されていきます。澤田氏は実践を振り返り、「実践の中で、二人は『こうでなければならない』という枠を超えながら、お互いの感じ方を変えていきました」、「以前のようにお互いを否定しあうのではなく、どこか『しかたないな』と理解しあいながら声を掛け合う関係になった」と、彼らの姿の変容を述べています。自分とは異なる価値観との衝突を通じて、相手を攻撃する形ではなく、また、完全ではないものの相手を受容するしなやかさが、二人の関係性のなかで芽生えてきた姿を捉えています。

次に、「福祉事業型『専攻科』エコールＫＯＢＥ」の初代学園長だった河南勝氏が紹介している、同様な

青年の姿を見てみましょう。(6)

最初の頃ずっと、「地球消滅」「殴る」「ＦＵＣＫ」などの激しい言葉を言ったり書道で書いたりしていました。今までそういう言葉を発したり書いたりすることで関心を引き、「そんな汚い言葉はダメ！」と注意されることをくり返してきたのではないかと思います。また、エコールでの新しい友達関係がまだよくわからないなかでは、ちょっとした言葉のやりとりや行動に対して刺激的な表現をすることで自己主張する姿が見られたのではないかと思います。ところが、エコールではそういう表現も良くはないけど禁止するわけではない、それどころか「そういう表現もまた面白いな。これは一つの作品として価値があるよ」と自分の描いた絵の上から「ＦＵＣＫ　ＹＯＵ」などと書いた作品を評価してもらえるなどということで、徐々にこういう汚い言葉を使うことで刺激的に関心を引く必要がなくなっていったように思います。

エコールの実践には「えこーる新喜劇」という取り組みがあり、その様子を紹介したローカルニュースで、この青年の姿が取り上げられています。(7)青年は、当初新喜劇には「出たくない」といい、演出家の呼びかけにも「別に」と応答を繰り返す姿が見られます。新喜劇の実践の初回は、学生それぞれにニックネームをつけるところから始まりますが、青年は自らがあげた候補のなかで選ばれた、「ウサピョン」という愛称で呼ばれることになります。エコールに入学した頃のウサピョンは、先に紹介したように書道の時間で「地球消滅」「殴る」「ＦＵＣＫ」などの破壊的で後ろ向きの表現を記しました。しかし、仲間とともに新喜劇を作っていくなかで、彼は徐々に変化を示しています。

みんなで舞台を作り上げていき、楽しさを実感しながら本番では多くの人から評価をされ、自分でも達成感を感じるわけです。「えこーる新喜劇」をやり遂げた後、汚い言葉はまったく消え、最後の書道で汚い言葉は消えて「勇気」と書いた……。どうもつくられた話のような感じですが、実際私たちは何も言ってないのですけれども、そういうふうになったのです。

入学当初の破壊的で後ろ向きな表現とは違い、新喜劇を終えた段階でのウサピョンは、「勇気」という前向きな言葉を書きました。このウサピョンの変化について、河南氏が述べているように、エコールでは彼の汚い言葉を否定することなく、逆に評価する姿勢で受け止めたことが大きかったといえます。また、ともに学びの場に集う仲間と一つの舞台作品を作っていく過程での楽しさの実感、本番当日の観客からの評価などを通じて、達成感を得ていくことが、彼の変化の源にあると考えられます。そして、河南氏は青年期の学びの場における実践を、「安心できる居場所」、「仲間関係のなかで育つ」、「青年期にふさわしい評価」、「新しい自分づくりがはじまる」という四点で、その特徴を整理しています。有識者会議の最終報告が示した学習内容の観点例における「資質・能力」という言葉とは異なり、学習の主体者である青年にとって学びの場やそこでの活動が果たす役割から、生涯学習の意義を論じる必要があるのではないでしょうか。

青年期の発達の姿をもとに生涯学習を捉える

文部科学省が政策として掲げた生涯学習、そしてその流れに位置づく有識者会議の最終報告は、「学校から社会への移行期」の学びを取り上げました。しかし、専攻科など一八歳以降の学びの場での実践は「学校から社会へ」と併せて、「子どもから大人へ」という二重の移行を支援する視点を掲げてきました。政策では、学校教育を修了する一八歳前後の「学校から社会へ」のみが強調され、同じ移行期の青年が抱える「子どもから大人へ」という人間発達のうえでの課題には注目していません。

移行期にあたる青年期は、前述の通り「第二の誕生」「疾風怒濤の時代」とも称され、人間のアイデンティティの再体制化が図られる時期です。河南氏の言葉を借りれば、「新しい自分づくりがはじまる」時期とも置き換えることができます。この時期に必要な「自分づくり」の特徴を、私は「引かれたレールを青年自らの手で組み替えていく『自分くずし』、自分の手で自分の人生の針路を描いていく『自分さがし』という、自分自身で人生を再設計・再体制し直すこと」としました[8]。しかし、青年期の「自分づくり」は単純な営みではありません。

青年期の始期は二次性徴が始まる思春期からとされますが、この時期の学校教育段階は中等教育（中学校・高等学校、中学部・高等部）と重なります。三木裕和氏は、小学校中学年以降の不登校問題を九～一〇歳の発達課題から論じ、「九～一〇歳の発達的力量が生成する頃に、むしろ自己有用感が低くなり、孤立感を強め、友だち関係の形成が阻害されるという『発達のアイロニー』がここにはみられる」と指摘します[9]。そのうえで、「自らの行動が学校のルール（学校文化）と衝突する現実を強く自覚し、責任の所在が自己にあると考えやすいのもこの時期」であり、「この子たちの不登校問題は学校への忌避感だけでなく、否定的自己像と孤立感が強く作用している」と述べています。仮に不登校に至らなくても、「発達のアイロニー」や「否定的自己像と孤立感」を引きずった形で中等教育を過ごす子どもは存在すると考えられます。そして、中等教育の時期にひどく傷ついた形で、その次の教育階梯へと進む人も少なくありません。自己否定や自尊感情の低さを抱えている場合、青年期の「自分づくり」の前に自分を取り戻すことが必要になります。つまり、自分自身と対峙するための時間が必要なのです。しかし、彼らが受けてきた経験を踏まえると、自分自身と対峙することは辛い過去との対峙でもあり、決して容易なことではありません。三木氏は別稿において、知的障害のある青年の自己理解に関わり「劣弱性の自覚ではない。『人間としての誇り』の獲得」を求めています[10]。「人間としての誇り」を獲得し、「子どもから大人へ」「学校から社会へ」の二重の移行を支援するための時間は、障害の有無にかかわらず、どの青年においても一様であるとは言い難いでしょう。

以上のことから、生涯学習は学校教育との連続性のなかで人間発達の姿を捉え、そのライフステージの発達課題にふさわしい学習活動を実施することにより、教育基本法第一条で規定される教育の目的の「人格の完成」を目指した人間発達の機会を創出することが求められるのではないでしょうか。私はこれを「権利としての生涯学習」と捉え、文部科学省による「政策としての生涯学習」では不十分な人間発達の保障に即した視点で、生涯学習といわれるものの中身を質的にも保障していくことが重要だと考えます。

（1）学校卒業後における障害者の学びの推進に関する有識者会議（二〇一九）「障害者の生涯学習の推進方策について―誰もが、障害の有無にかかわらず共に学び、生きる共生社会を目指して―（報告）」二〇一九年三月二九日。

（2）有識者会議の委員には、全専研初代会長の田中良三氏が含まれ、第四回会議（二〇一八年五月二三日）において、福祉型専攻科の事例を紹介しています。QRコード↓

（3）渡部昭男（二〇〇九）『障がい青年の自分づくり――青年期教育と二重の移行支援』日本標準、一五七ページ。
（4）渡部昭男（一九九七）「『障害者の青年期教育学』試論」『心理科学』第一九巻第二号、一―一一ページ。
（5）澤田淳太郎（二〇一九）「自閉スペクトラム症青年がつむぐ人間関係――高等部専攻科の『お笑いコント』づくりを通して」三木裕和・越野和之ほか『自閉症児・発達障害児の教育目標・教育評価1』クリエイツかもがわ、六九―八〇ページ。
（6）河南勝（二〇一七）「仲間のなかで『新しい自分』づくり――エコールＫＯＢＥでの学びを通して」全国障害者問題研究会兵庫支部・木下孝司・川地亜弥子・赤木和重・河南勝『実践、楽しんでますか？――発達保障からみた障害児者のライフステージ』クリエイツかもがわ、一二二―一四二ページ。
（7）読売テレビ「かんさい情報ネット ten.」二〇一四年一〇月六日放送。
（8）國本真吾（二〇一九）「青年期の発達を保障する学びのあり方」前掲5、一二〇―一三四ページ。
（9）三木裕和（二〇一九）「特別支援教育と不登校問題――九～一〇歳の発達の節目」『リハビリテーション医学』第五六巻第六号、四七六―四八〇ページ。
（10）三木裕和（二〇一七）「知的障害と青年期教育――『九・一〇歳の発達の節目』に挑む人たち」鳥取大学附属特別支援学校著・三木裕和監修『七転び八起きの「自分づくり」――知的障害青年期教育と高等部専攻科の挑戦』今井出版、一五八―一七九ページ。

第四章　ライフワイドと自分みがきの生涯学習へ

生涯学習のタテとヨコの視点

前章までは、障害のある人の「生涯学習」を、学校教育修了後のとくに青年期以降の学習機会に着目する形で述べてきました。しかし、「生涯学習」は「生涯にわたる学習」という意味では、人が生まれてから老いるという一生涯のスパンで展開されるものと理解されます。日本の場合、学校教育が中心となる年齢段階では、学校教育の外にあるというよりは、学校教育を終えた後の大人の段階のものとして「生涯学習」を見ることが多かったといえるでしょう（「はじめに」参照）。

第一章で触れた、新たな特別支援学校学習指導要領では、小中高等部のそれぞれで生涯学習への意欲の向上に関する記述が織り込まれました。その内容は、「社会教育その他様々な学習機会に関する情報の提供に努めること」や、「生涯を通じてスポーツや芸術文化活動に親しみ、豊かな生活を営むことができるよう、地域のスポーツ団体、文化芸術団体及び障害者福祉団体等と連携し、多様なスポーツや文化芸術活動を体験することができるよう配慮すること」と、あくまでも学校の外に存在する活動へのアクセスの機会を求めるものにとどまっています。学習指導要領の解説を踏まえると、ここでの生涯学習は「卒業後の生活」のあり方を前提としていることが記述からも明らかで[1]、余暇の問題も含めた生涯学習が「卒業後のため」という次

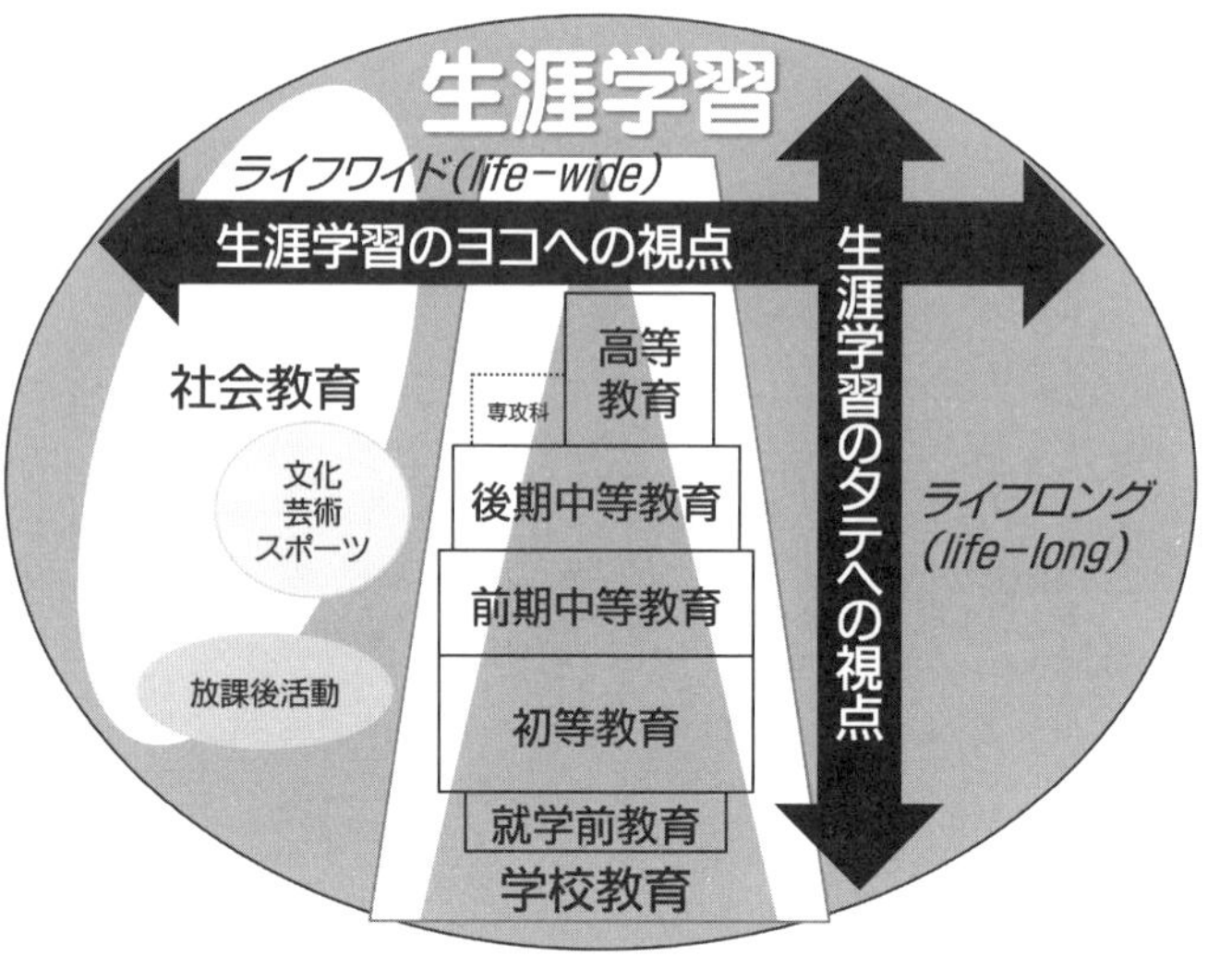

図2　生涯学習のタテとヨコの視点

元にとどまって理解されてしまう可能性があります。

ユネスコ（国際連合教育科学文化機関）が二〇一五年に発表した“Rethinking Education”（仮訳「教育を再考する」）では、今後の生涯学習に関わって「生涯にわたる（ライフロング：life-long）、全生活的な（ライフワイド：life-wide）学習へのオープンで柔軟なアプローチ」の視点がうたわれています。[2] 生涯学習を学校教育修了後の問題として捉えると、「卒業後のため」の生涯学習に陥ってしまいます。しかし、生涯にわたって教育・学習の機会をタテ方向に繋いでいくという「ライフロング」の視点とともに、学齢期や卒業後においても生活を楽しむためにヨコ方向に広げて繋いでいくという「ライフワイド」の視点がこれからは重要になるといえるでしょう。「卒業後のため」「就職のため」の学習ではなく、「今」を楽しく生きるための学習の機会が、生涯にわたり権利として保障されていく形で理解されていく必要があると思われます。私はこれを、「生涯学習のタテとヨコの視点」として考えます（図2参照）。第三章で紹介した、有識者会議の最終報告が求めた「学校教育を通じて身に付けた資質・能力の維持・開発・伸長」は、生涯学習の権利をタテ方向（ライフロング）で捉えたものです。

しかし、ヨコ方向（ライフワイド）は、どのライフステージにおいても存在します。たとえば、学齢期であれば学校教育と学校外の場の双方が連関し、学校教育で培われた経験が学校外の家庭や地域社会で発揮・高められるとともに、逆に学校外での活動や経験が学校教育の学びへと繋がったり還元されていく姿だといえます。学校内外の双方が往還的に作用することで、生涯にわたる学習の機会が学齢期にも権利として保障されることが、真の生涯学習のあり方だといえるでしょう。

この生涯学習におけるタテとヨコの視点は、ユネスコで「生涯教育」の理念を提唱したポール・ラングラン（一九一〇―二〇〇三）の発想にもあります。ラングランは、「生涯教育」には人間が生まれてから死ぬまでの一生涯のライフステージにおける教育を関連づける垂直統合（時間的統合）と、社会全体のあらゆる教育機関を関連づける水平統合（空間的統合）があり、この両者を統合する理念として「生涯教育」を構想しました。この「生涯教育」の提唱が「生涯学習」の意味合いになっていくわけですが、「生涯学習」は学校教育のみで教育が完結する形を前提とせず、学校外の社会教育を含めて「生涯にわたり」あらゆる機会にあらゆる場所で、その機会が保障されていくことを目指したものだといえます。そのためには、既存の教育制度の変革も含めて、「生涯学習社会」をどのように体現化していくかが問われています。

障害のある人を例にしたタテとヨコの生涯学習

障害のある人の生涯学習を、先ほどのタテとヨコで整理してみましょう。青年期・成人期のライフステー

表3　青年・成人期の学びの実践の整理

ライフステージ	教育的ニーズ	形態（実践の姿）	学びの特徴（生活・労働との関連）
青年期	教育年限延長（タテへの権利）	・高等部専攻科・高校専攻科 ・福祉型専攻科（高等部本科からの継続教育のもの） ・大学・短期大学・専門学校等 ・福祉型大学（カレッジ型）	・「仕事に繋げる」学び ・「生活をつくる」学び ・仕事のある生活を見据える ・学びの継続 ・学修成果の試行的実証（自分さがし・自分くずしの自分づくり）
成人期	社会における学び（ヨコへの権利）	・障害者青年学級 ・大学公開講座 ・オープン・カレッジ ・カルチャースクール ・福祉型専攻科（社会人経験を経て入学するもの）	・「仕事にいかす」学び ・「生活にいかす」学び ・仕事を軸とした生活を築く ・学びの拡充 ・学びの取り戻し・学び直し（自分みがき）

ジを例に、障害のある人の学習実践を整理したものが、表3になります。ここでは、教育年限延長の教育的ニーズを権利保障の「タテへの権利」の視点、「社会における学び」の教育的ニーズを「ヨコへの権利」の視点としました。専攻科の設置に代表される教育年限延長を求める「専攻科づくり」は、権利保障をタテに拡充していくイメージといえます。青年期の自分づくりでは、自分さがし・自分くずしという青年期の発達課題に関わって、学校教育を軸とした実践の形態のなかでその営みを行っていくことが、青年期の学びの大きな特徴になります。一方で、学校教育修了後の社会における学びは、権利保障をヨコに拡充していく視点だといえます。ここでは「自分みがき」と表現しましたが、成人期においては、青年期までに獲得した力を太らせていく営みが期待され、それが地域社会の生活のなかで実現されていくことが求められます。

ただし、権利保障のタテとヨコの視点は、たんに青年期・成人期でそれぞれを実現させようというものではありません。先述のとおり、乳幼児期から始まるライフステージを通じて、学校教育と社会教育が双方に連関して、総体として権利保障を実現していくことが求められます。たとえば、学校教育での体育、音楽、美術などの学びが、社会教育の場や放課後活動の場において、余暇の楽しみとして広がっていく場合があります。障害のある子ども向けの体操教室、音楽教室、絵画教室などでの経験は、学校教育での学びを基礎に、生活のなかでの表現活動の楽しみを見いだしていく機会にもなっていきます。そして、そのような学校外における経験が、学校教育での次の学びへと繋がっていく形で考えられていきます。このように、就学前機関を含めて学校教育で培われた力が、社会教育の場でも発揮・高められて、さらに学校教育での学びに繋がっていく形で、往還的に作用していくことが必要ではないでしょうか。表3では、青年・成人期のライフステージの実践に限定していますが、権利保障のタテとヨコの視点は、生涯を通じて意識されていく必要があります。

沖縄音楽の活動を通じた仲間との出会い

二〇年前、私は学生時代の仲間からの呼び掛けで沖縄音楽のバンド活動を開始しました。その名は、「沖縄音楽グループ・ゆいま〜る」（森田桂介〔鳥取県立鳥取聾学校教諭〕代表）といいます（写真1）[3]。最初は、大学の研究室仲間から始まり、友人・知人を引き込んでは、鳥取県内の学校や福祉施設を訪問したり、地域のイベントなどで演奏を行ったりしていくようになりました。やがて、「はじめに」でも述べた学生時代のサークル活動で繋がっていた障害のある子ども・青年たちが、私たちの演奏を見ては、一緒に舞台に立つようになります。

活動を始めてまもなく、当時特別支援学校小学部の坂本愛菜（マナ）さんが、私たちのコンサートを見に来るようになりました（写真2）。最初は、客席で見る形のお客さんです。私たちのステージ終盤の演目では、沖縄音楽らしく「カチャーシー」曲で会場全体が踊りの場と化します。マナさんが小学部三年生の時でした。ボーカルの掛け声で、客席にいる人もステージに上がって踊ることを促され、マナさんはステージに上がってきます。テンポの良い沖縄音楽で、ステージ上はだれもが演者となって踊りますが、マナさんは一人マイペース。楽器が気になったり、演奏者や踊っている人が気になったりで、ステージの上を行ったり来たり。翌年にはお揃いの琉球紅型の衣装を着て、メンバーとして一緒に舞台に立つようになり、現在に至ります。

演者として舞台に立つようになった最初の頃、演奏中もいろいろなものが気になっては、ステージを自由に歩き回るマナさん。どうやら、私も含めて演奏している仲間のことに興味があるのか、近寄ってはニコーッと皆に笑顔を向けてきます。事情を知らない観客から見れば、「あの子は何をしているの？」という印象だったようですが、だからといって私たちも彼女に楽器を持たせて、皆と一緒に合わせることなどは求めませんでした。そのような時間を重ねていくなかで、中学部時代に変化が見られてきました。太鼓を手にして、舞台の中央に彼女が立つようになったのです。といっても、最初は客席を背にして、演奏する仲間たちを見る格好で、音を奏でるという形には見えませんでした。ところが、中学部を終える頃には、客席のほうに身体を向けて、演者らしく楽器を操っていくようになります。それでも、まだ鳴っている音とは合わない、独特のリズムというか自己流のたたき方でした。そして、高等部を卒業した頃には、だれが教えたわけでもなく、堂々と舞台の中心に立ち、曲のリズムに合った拍子で太鼓をたたく姿が見られるようになりました。

写真１　沖縄音楽グループ・ゆいま～る（2014年撮影）

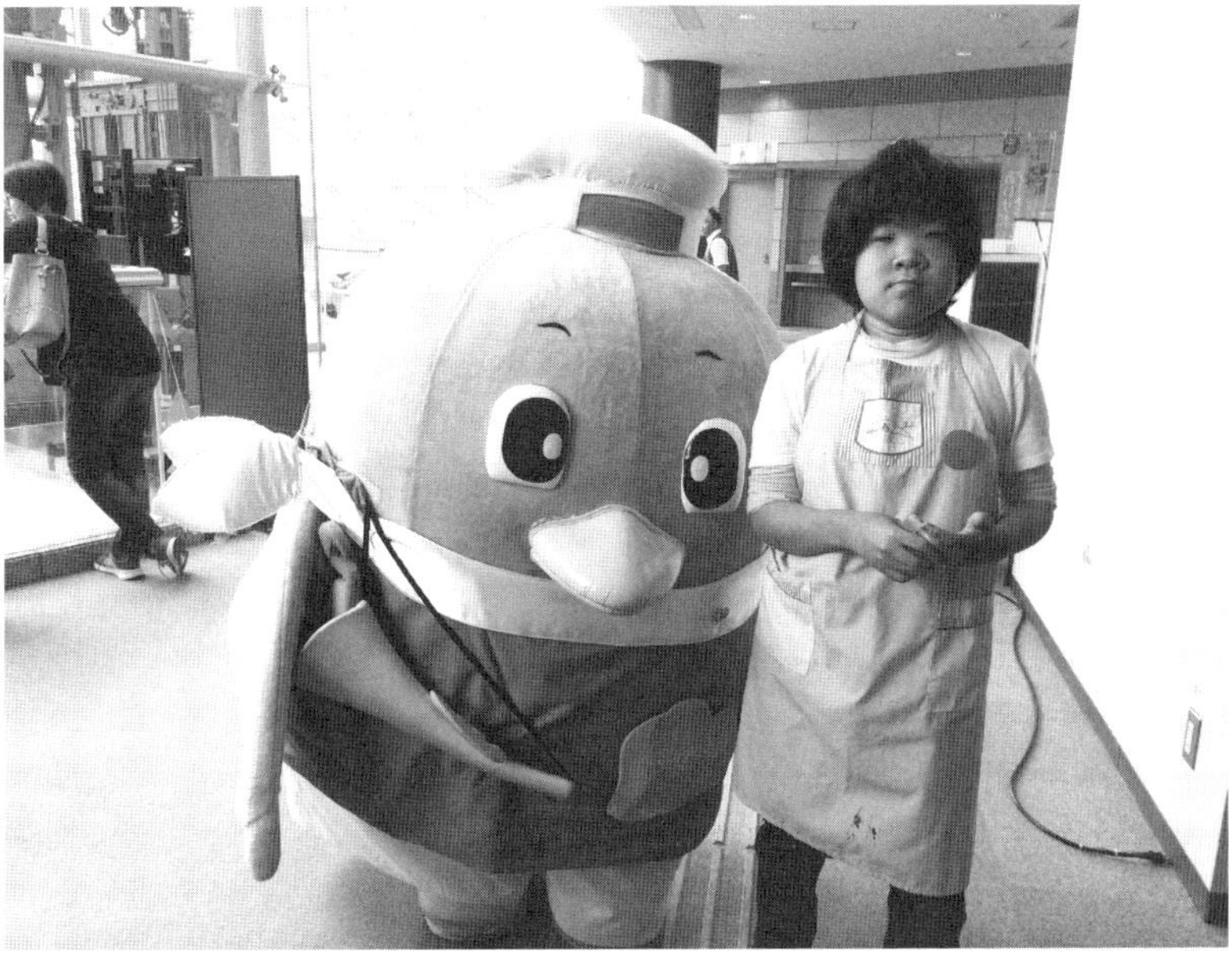

写真２　マナさん（右）（2019年撮影）

仲間の姿をタテとヨコの視点から読み解く

二〇年近く、仲間としてマナさんと一緒の舞台に立ってきたわけですが、演奏の場面だけでは彼女の育ちを読み解くことはできません。しかし、学校時代や学校卒業後の彼女の姿を重ねていくことで、私たちと一緒に立つ舞台での変化の意味が徐々に理解できるようになりました。マナさんの母・ひとみさんに伺うと、主治医の先生から「いろんな経験をさせてあげて」と言われたことが、マナさんが地域のなかで実施されている活動に参加していくきっかけになったそうです。「はじめに」で触れた子ども会（マナさんが参加した頃は私の後輩たちが中心）や音楽教室など、保護者仲間から耳にした情報をもとに、小学部一〜二年の時期に、今に繋がる活動に出会います。私たちのバンド活動との出会いも、その一つでした。

私たちとのバンド活動で、マナさんに変化が見られたのは中学部時代と述べました。客席のほうに身体を向けたり、演奏しているほかの仲間と同じように楽器を手にしていくようになったその姿の背景には、学校での取り組みも大きかったと思われます。彼女が通った鳥取大学附属特別支援学校は、「生活を楽しむ子」を目指し、「自分づくり」を基盤とした人格的自立を教育目標としています。それを具現化した実践の一つとして、当時の中学部では、学部全体で取り組むミュージカルの制作を行っていました。中学部三年の時に披露されたミュージカルでは、ほかの生徒と動きを合わせたり、歌のシーンでも客席に向かって堂々と構えるマナさんの姿がありました。ミュージカルでもバンド活動でも、舞台の上での自分の姿勢を確立していく時期だったといえます。彼女が経験した三年間の実践を総括して、「三年生は学部全体をしっかりと引っ張り、二年生もまた経験を生かして見通しをもって意欲的に活動に取り組む姿が見られた。このような二、三年生の姿に刺激を受け、一年生も大きく変化していった」と、教師たちは記しています。(4) 学校でも、学校外の場でも、マナさんにはともに活動する仲間を意識する機会が存在していました。

この総括を学校外のマナさんを知る立場から彼女の変化に引き寄せると、学校の教育活動としてのミュージカルと学校外での音楽教室やバンド活動への参加が、点と点ではなく、彼女のなかで相互に関わりあい結びついていく形になったと思われます。学校と学校外の活動に共通するのは、舞台上で何かを演じるということですが、同じ演目を共有しているわけではありません。しかし、学校での活動が将来の卒業後に生かされるものとしてではなく、その当時のマナさんの「生活を楽しむ」という形で繋がっていったものと思われます。学校卒業後のように時間軸の先の地点を意識する視点がタテであれば、今の時間軸を学校にとどめず家庭や地域に押し広げて繋げていくことがヨコの視点として見いだされます。

そして、学校を卒業した後のマナさんは、ダンスの活動、体操教室、さらにアート活動を展開する就労継続支援の場の利用を組み合わせて生活しています。そのようなマナさんを傍らで見てきて、学校卒業後の今の生活の力は、学校教育だけで培ってきたものとは考えられません。学齢期の経験、とくに学校だけではなく地域で彼女が参加したさまざまな表現活動が有機的に結びつくことで、それが土台となり、今の生活を彩りのあるものにしていると思われます。このことからも、「生涯学習」を「卒業後の生活」の問題、あるいは「余暇」の問題として括ってしまうのではなく、今の生活を切り拓く形でその土壌が耕されていくことが、結果として「卒業後の生活」を豊かにしていく土台になるものと理解して展開していくことが重要です。

自分みがきの「余暇」から「生きがい」へ

障害のある人にとっては、とくに学校教育において、将来の社会参加の姿を働くこと＝就労に重きを置く傾向にあります。働くことは国民の義務のように捉えられますが、日本国憲法では勤労は権利であり、そして義務であると規定しています。ところが、一般的にも義務のほうに重きが置かれる感が否めず、権利として働くことを自らの手で選ぶことは、障害があると難しいと思われてきたといえます。かつては、「障害の軽い子には就労を、重い子には保護を」ということもいわれました。障害のある人の「自立と社会参加」という表現が今も使われますが、自立や社会参加の姿というのは、働くことだけをもって成立するとは到底思えません。しかし、自立や社会参加が働くことを前提とした形では、一八歳までの学校教育においては、それを最優先課題にした就労自立を目指す教育へと傾きやすくなるでしょう。学校教育のすべてが「卒業後の生活」を目指して、「将来のために、今は我慢して頑張ろう」という空気に陥りやすくなるといえます。そのような空気のもとでは、就労に直接関係のないものは二の次となり、青春を謳歌する時間すら保障されない形です。「専攻科づくり」のように、障害のある人の教育年限の延長を求める背景には、こうした学校教育への批判的な問い直しがありました。そして、働くことばかりではいけないと、休みの日の余暇を意識した活動を学校の活動で試みるところも存在します。カラオケ、ボウリング、カードゲームなど、休みの日には仲間と一緒にこんな活動で余暇を過ごさせたい、そのような教師の思いから学校で取り組んだ実践の報告を聞くこともありました。

「余暇」は「余った暇（な時間）」と書くこともあってか、障害のある人の余暇に関する議論では意見が分かれることがあります。一人でその時間を過ごすには難しく支援が必要だからと、余暇をどのように支えようかという意見があります。一方で、「余暇」なのだから、どのような時間の過ごし方をするのかは本人の自由ではないかという意見もあります。「余暇」という言葉の解釈や、その時間の過ごし方をめぐった考えの違いだと思いますが、では、そこに存在している活動のイメージはどのようなものでしょうか。

国連・障害者権利条約では、障害のある人が「文化的な生活に参加する権利を認める」（第三〇条）としたうえで、「レクリエーション、余暇及びスポーツの活動に参加することを可能とする」ために必要な措置を行うことを規定しています。また、子どもの権利条約でも「休息・余暇の権利」（第三一条）が規定されており、障害のある人も子どもの時代から一生涯にわたって、休息や余暇の権利が保障されていくことが認められています。第三章に出てきた文部科学省の有識者会議の最終報告では、障害のある人の生涯学習の推進にあたって「生涯学習が、スポーツ活動や文化芸術活動、就労に向けた訓練、又は働くことそのものも含め、多様な活動のなかで行われる側面があることを念頭に置く必要がある」と述べています。活動そのものだけに目を向けるのではなく、活動のなかに存在する学びの要素への注目が不可欠であることを示しています。このことからも、休日に行う余暇活動は権利であり、またその活動は広範にわたるものとみることにより、生涯学習は人生そのものであるともいえます。

学齢期の障害のある子どもにおいては、学校外の多くの時間を過ごす場として、福祉制度による「放課後等デイサービス」を利用することが多くなっています。厚生労働省の検討会が示した数値では、二〇一二年と二〇二一年を比較して、放課後等デイサービスの事業所が六・五倍に増加しており、学齢期を支える重要な場となっています。(5) 放課後活動の世界では、「子どもは放課後に育つ」ということもいわれます。放課後の活動が、その後の青年・成人期の「生きがい」の活動に繋がる視点を、マナさんは教えてくれました。放課後の活動やデイサービスにおける実践を、タテとヨコの生涯学習の視点から構想してみることで、学齢期から豊かな生きがいを創出する道筋が見いだせるところもあるでしょう。

また、「余暇」は「余った暇（な時間）」だから、そのような個人の時間のために、福祉サービスの利用や公費の投入を行うことに消極的な声があります。しかし、空き時間や休日に心や体を休めることが大切な時もあれば、文化的な生活に参加することで、自己実現やリフレッシュする機会になり、平日の生活にとっての原動力になることもあるでしょう。「自分みがき」として、大切な時間の使い方です。「自分時間」という言葉がありますが、ひとりの時間、仲間との時間、家族との時間……さまざまな時間の使い方とともに、いろいろなバリエーションや場所があることで、豊かなライフスタイルをだれにも保障したいものです。

以上のことから、「余暇」を「一週間－労働・日中活動＝余暇」と引き算の結果で見るのではなく、「余暇×人生」のような形で、その時間の意味を高めて広げていく形を提案します。そして、「余暇活動」ではなく「生きがい活動」と「自分みがき」の趣旨を踏まえて表現することで、学校教育、学校外の社会教育や学校卒業後のあり方を再構築し、本来の生涯学習社会が目指すところの姿に向かってみてはどうでしょうか。

（1）文部科学省（二〇一八）『特別支援学校教育要領・学習指導要領解説総則編（幼稚部・小学部・中学部）』。

（2）国際連合教育科学文化機関（二〇一五）「Rethinking Education」（文部科学省仮訳「教育を再考する：教育はグローバルな共有財になりうるか?」）。QRコード↓

（3）「沖縄音楽グループ・ゆいま～る」ホームページ。QRコード↓

（4）鳥取大学附属特別支援学校（二〇一一）「平成二二年度研究紀要第二七集」中学部一〇－一一ページ。

（5）障害児通所支援の在り方に関する検討会（二〇二一）「障害児通所支援の在り方に関する検討会報告書－すべての子どもの豊かな未来を目指して－」二〇二一年一〇月二〇日。

コラム：「科学」「社会」を学ぶことの意義

私は共著書『障害のある若者と学ぶ「科学」「社会」』（クリエイツかもがわ、2022年）で、青年期の障害のある人が「科学」「社会」を学ぶ意義について述べています。同書では、特別支援学校高等部や専攻科で、気候変動、新型コロナウイルス、豪雨災害などの学びに挑んだ教師たちの実践が紹介されています。日常生活に生かすスキル学習がすべてではなく、答えのない問いに仲間と意見を交わしたり、生活のなかで見聞きする事象を教養として学ぶことは、新たな価値観を創造する「自分づくり」に繋がるものと考えます。

鳥取県に暮らす専攻科生は、他県に出かけた際に鳥取のことを知ってもらうクイズや紹介を用意します。そのようなとき、鳥取砂丘はよく知られた観光地ですが、「砂漠と砂丘の違い」であるとか、砂地で育つ植物の存在、そして砂丘が宇宙開発の実験場となっていることなどを教養として学ぶ機会があると、紹介の中身も変わるでしょう。また、県外から訪れた人に対して、自慢気にちょっとした観光ガイドもできたりとか。

教養的な学びは、歴史や文化においても展開が可能です。暮らしている地域の歴史や文化を知ることで、休みの日に旧跡めぐりや図書館・博物館などに通って楽しむなどの時間を生み出したり、日々目にする光景の見方が変わったりということもあるでしょう。

よく耳にする「SDGs」（持続可能な開発目標）を学ぶこともその一つになりますが、そのなかの「目標4：質の高い教育をみんなに」こそ、実は障害をはじめとしてあらゆる人が平等にあらゆるレベルの教育にアクセスできることを求めていることを忘れてはいけません。

おわりに　地域でライフワイドな学びや活動を生み出そう

最後に、私が暮らす鳥取県内の事例を紹介します。「ライフワイド」の視点から、それぞれの地域における活動や社会資源の活用を見直すことで、障害のある人の生涯にわたる学習活動としての「生涯学習」を学校卒業後の課題としてではなく、学齢期から今の生活をどのように築くかという発想に転換してみましょう。

図書館・博物館を活用した学びや活動

障害のある人の生涯学習が語られる場合、公民館という社会教育施設で行われる障害者青年学級や公民館喫茶などの実践が登場してきました[1]。しかし、鳥取県には公民館（鳥取県内は小学校区を基本とした地区公民館が多い）で障害者青年学級を開設している例はありません。社会教育施設としては、公民館以外に、図書館と博物館が存在しますが、それらが行っている取り組みにも注目してみる必要があります。

鳥取県立図書館は、障害者向けの「はーとふるサービス」を実施しています。大活字本や録音図書などを用意したり、郵送による貸し出しの対応なども可能です。また、鳥取県は市町村の公共図書館、学校図書館、大学図書館との相互連携で、図書の相互貸し出しや学校の教育活動を支える取り組みにも力を入れています。その輪のなかには、特別支援学校の図書館も含まれています。県内の学校には司書の配置が進められ、司書教諭講習を修了した教員の配置・指名も行われています。これは、特別支援学校も同様です。鳥取大学附属特別支援学校は、附属校の司書と学校の司書教諭が図書館の整備を行い、知的障害のある児童生徒の教育活動や居場所としての図書館の充実を図ってきました。[2] 全国的には、特別支援学校の過大・過密化により教室不足で図書館や音楽室などの特別教室が普通教室に転用されることがありますが、鳥取県ではすべての県立特別支援学校に司書が配置されています。また、全国初の「鳥取県手話言語条例」を制定（二〇一三年）したこともあり、県立図書館では聴覚障害者向けのサービスも行われています。国は、二〇一九年に「視覚障害者等の読書環境の整備の推進に関する法律」（読書バリアフリー法）を制定しました。これを受けて、県では基本計画を策定し、視覚障害に限らず発達障害なども含めて、さまざまな困難さを抱える人に対する図書館の役割を果たそうとしています。このように学校や地域の図書館が充実していることは、学齢期に学校図書館や休日に公共図書館を利用する経験に繋がり、その経験が卒業後の図書館利用として根付いていきます。

博物館の場合は、視覚障害の人が利用できるよう、手で触れる博物館の取り組みなどが以前から知られていますが、国立民族学博物館（大阪府吹田市）では知的障害のある人を対象とした「みんぱくSama-Sama塾」を実施している例があります。[3] 鳥取県立博物館では、特別支援学校と連携した活動に取り組んでいます。コロナ禍で校外学習がままならないことから、オンラインによる博物館見学を学校との間で試みたり、学芸員の指導による化石のレプリカづくりも行いました。

このように、図書館や博物館を利用することは、人生のなかでは学齢期の活動が契機となると思われます。鳥取県では、県立美術館（倉吉市）が二〇二五年に完成予定ですので、今後は美術館の利用を意識した取り組みも期待されているところです。

学齢期から芸術や表現活動にアクセスするには

障害のある子どもの学齢期の放課後活動は、福祉制度としての「放課後等デイサービス」が浮かびがちですが、さまざまな活動にアクセスすることで、卒業後の土台づくりに繋がることを、第四章のマナさんの例で確認しました。マナさんが今も通う音楽教室（フロイデン音楽教室、森本みち子・長井希弥恵主宰）は、障害のある子どもも含めて、だれもが音楽を楽しめる場所として、大学で音楽教育を学んだ二人の講師の手により二〇年以上前から開かれています。[4]また、ダンス活動は、インクルーシブダンス（星のいり口、佐分利育代主宰［鳥取大学名誉教授・舞踊教育］）のグループ活動で、定期的に発表会の舞台に出演を行っています。[5]

このような障害のある子ども・青年が参加できる、音楽やダンスの表現活動、そして体操やスポーツといった運動活動などは、必ずしもホームページを検索しただけではヒットするとはいえません。行政の窓口に相談しても、明確に把握できているものではないのです。鳥取の例のように、個人レベルで営む場合や、親の会や自主的なサークル・団体のレベルで公共施設を借りて開いている場合も多く、それらにアクセスするには口コミによるところも大きかったりするのが実情です。手がかりの一つとして、文部科学省は二〇一七年度から、障害者の生涯学習に関する活動に継続的に取り組んでいる、全国各地の個人・団体に対して大臣表彰を行うとともに、表彰された例をまとめた事例集を毎年出しています。[6]これらを参考に、同じ課題意識をもつ人同士が仲間内からでも始めてみることで、新たな場を創出することも一案ではないでしょうか。また、障害者青年学級やオープンカレッジのような学びについても、同様だといえます。

街中でのアート活動とその拠点

ＪＲ鳥取駅前のメインストリート・若桜《わかさ》街道商店街に、「アートスペースからふる」（妹尾恵依子理事長）があります。(7) 元々は、障害の有無にかかわらず通うことができる美術教室でしたが、その後発展して、現在はアートを仕事にする形の就労継続Ｂ型事業所となっています。実は、第四章に登場したマナさんをはじめ、バンド活動で一緒に演奏している私の仲間たちがここに多く通っています。一階のスペースは就労の場として、「アーティスト」（利用者ではなく作家として位置づける）たちの制作現場、二階は展示ギャラリーやワークショップを開催できるスペースになっています。制作活動と併せて、街中にあることを生かしたさまざまなイベントを実施しています。その一つが、商店街のシャッターやアーケードに作品を掲げ、障害のある人の表現活動をアートとして発信する「フクシ×アート」というイベントです。ほかにも、街中でのイベントに出店してアーティストの作品を販売、レンタルで作品の貸し出し、また保育園にアーティストが講師として出向いて園児と活動を行うなども行っています。

「フクシ×アート」の最初の年、鳥取駅の正面にあるアーケード（通称「バードハット」）に、巨大なフラッグがお目見えしました（写真3）。フラッグには、独特な薬師三尊像が描かれています。描いたのは、アートスペースからふるに通うアーティスト・山村和弘さんです（写真4）。実はこの和弘さんが、本書の冒頭で述べた私が卒業論文を書くうえでのきっかけになった青年です。彼もまた、私たちのバンド活動に一緒に参加しており、琉球楽器・三線（さんしん）を片手に舞台にも立ちます。そんな彼の作品は、絵や切り絵、木の彫刻と形態は異なっていても、共通して仏像を描いているのが特徴です。養護学校中学部の修学旅行で訪ねた、広島の原爆ドームを見たことが契機となり、平和を求める思いを作品に込めています。(8) その

写真３　鳥取駅前に掲げられたビッグフラッグ

写真４　山村和弘個展（2021年）の案内

メッセージ性にあふれる作品は、県外からもイベントの使用で声がかかるほどです。本書の冒頭で述べたように、学校卒業後の和弘さんの余暇は、作品制作を行うような時間の使い方ではありませんでした。詳細は述べ切れませんが、二〇年余りの間に蓄積されたさまざまな経験が結びついて、今の彼の姿があるといえます。

「この子らを世の光に」――自己実現という創造、生産

戦後の障害福祉の発展に多大なる貢献を果たした、滋賀県立近江学園の創設者の一人で初代園長の糸賀一雄氏（一九一四―一九六八）は、鳥取県鳥取市の出身です。[9]「この子らを世の光に」という糸賀氏が遺した言葉は広く知られていますが、糸賀氏の言葉を現代に受け継ぎ、障害に対する県民への理解や、障害のある人が活躍する機会を増やそうと、鳥取県は「あいサポート」運動や施策を展開しています。とくに、芸術や表現活動への取り組みは顕著で、舞台発表や展示などを中心とした「あいサポート・アートとっとり祭り／展」を毎年開催しています。ある年に開催された祭りに出かけると、会場で和弘さんに出会いました。彼は、ライブペインティングのワークショップで来場者を出迎えたと思いきや、別の団体のステージ発表で舞台に立って太鼓をたたくなど、その会場では一人で何役もこなす多彩なアーティストでした。そして、同じような動きをするマナさんやほかの仲間たちにも会場で出会いました。彼らは文化芸術の活動において、自己実現の場や時間を得るとともに、自己を充実させ、そして生きがいを見いだして発揮しているように映りました。

糸賀氏は、著書『福祉の思想』において、重い障害のある子どもも「だれととりかえることもできない個

性的な自己実現をしている」と述べ、この「自己実現こそが創造であり、生産である」、そして重い障害のある子どもも「立派な生産者であるということを、認めあえる社会をつくろう」と求めています[10]。ところが、昨今「生産性」という言葉を巡った事件や政治家発言が話題になりますが、そこでの「生産」は経済活動に参加できるか否かという意味で語られ、その基準で人間の価値を決め、参加できないならば切り捨てるという構図だといえます。そのような効率追求の「生産（性）」との対峙が糸賀氏の「この子らを世の光に」という言葉であり、そこには人間としての幸福追求の「生産」という意味が見いだされるでしょう。

糸賀氏が「この子」と表現した障害のある子どもは、障害に対する新たな考えや見方、そして社会のあるべき姿を導き出してくれました。本書になぞらえれば、障害があるから早く社会に出て働くことがすべてではなく、学校卒業後も学び続けることができる社会を作らねばならないということです。私の仲間たちも含めた「この子」らは、そのような新たな思想や哲学を生み出す、まさしく「生産者」です。「生産」という言葉の意味が経済性に終始した考えから脱することができれば、糸賀氏が願った人間理解に満ちた真の社会の実現に近づくのではないでしょうか。本書で示してきた障害のある人の生涯にわたる学習をタテにもヨコにも広げていくためには、行政がその制度を用意し、また政策を立案実行するだけではなく、「この子」らの創造や生産を「自己実現」の営みとして受け止めていく社会を実現することが必要です。そして、その社会の根底にある思想の「生産」を伴うことで、本当の意味での「ニューノーマル」の世が到来することを期待します。

（1）東京都の障害者青年学級の例として、町田市、東村山市、多摩市、日野市、大田区、台東区、練馬区などがあります。

また、公民館喫茶としては、国立市の「わいがや」などが知られています。

（2）鳥取大学附属特別支援学校の図書館については、以下を参照。野口武悟・児島陽子・入川加代子（二〇一九）『多様なニーズによりそう学校図書館――特別支援学校の合理的配慮を例に』少年写真新聞社。

（3）信田敏宏（二〇二〇）「知的障害者にとっての学び　みんぱくSama-Sama塾の試み」『障害者問題研究』（全国障害者問題研究会）第四八巻第一号、六八―七三ページ。

（4）森本みち子（二〇一七）「自分らしく音楽を楽しむために～音楽教室の活動のなかで～」『季刊　音楽鑑賞教育』（公益財団法人音楽鑑賞振興財団）第三〇号、二八―三一ページ。

（5）ダンスコングホームページ内の「星のいり口」紹介ページ。ＱＲコード↓

（6）文部科学省ホームページ「『障害者の生涯学習支援活動』に係る文部科学大臣表彰について」。ＱＲコード↓

（7）「アートスペースからふる」ホームページ。「アートスペースからふる」を事例とした街づくりに関しては、木田悟史（二〇二二）『みんなでつくる〝暮らし日本一〟「鳥取県×日本財団共同プロジェクト」から学ぶまちづくりのヒント』扶桑社新書、を参照。ＱＲコード↓

（8）YouTube動画「【鳥取市民会館自主事業】第一回市民サロンギャラリー『山村和弘作品展』」。ＱＲコード↓

（9）渡部昭男・國本真吾・垂髪あかり編、糸賀一雄研究会著（二〇二一）『糸賀一雄研究の新展開　ひとと生まれて人間となる』三学出版。同書の特設サイトでも、随時情報を更新しています。ＱＲコード↓

（10）糸賀一雄（一九六八）『福祉の思想』ＮＨＫ出版、一七七ページ。

あとがき

本書は、私が近年発表してきた論稿をもとに構成しました。章を超えて、内容を組み替えたりしていることもあり、もはや原形をとどめない形になってしまいましたが、初出については以下のとおりです。

・「障害青年の教育年限延長要求と生涯学習」『人間発達研究所紀要』第三一号、二〇一八年
・「『特別支援教育の生涯学習化』による障害者の生涯学習推進」『障害者問題研究』第四七巻第二号、二〇一九年
・日本海新聞「潮流」連載（全一二回）、二〇一九―二〇二〇年
・「青年期の学びで大切にしたいこと――七転び八起きの自分づくりとして」『みんなのねがい』二〇二〇年二月号
・「知的障害者の『権利としての生涯学習』」『障害者問題研究』第四八巻第一号、二〇二〇年

本書の執筆にあたり、事例として登場を願った、坂本愛菜さん、山村和弘さん、そしてご家族の坂本ひとみさん、山村芳子さん・政子さんには、名前・写真の掲載にご快諾をいただきました。ほかにも、本書で触れた学校・団体等の皆さまなど、おひとりずつの名前を挙げきれませんが、御礼申し上げます。

最後に、本書の出版を引き受けてくださった株式会社日本標準、ならびに入稿を長らくお待たせしてしまった郷田栄樹さんに、心より感謝を申し上げます。

二〇二三年一月

國本真吾

●**著者紹介**

國本真吾（くにもと しんご）

1977年、鳥取県生まれ。2002年、鳥取大学大学院教育学研究科修了。
現在、鳥取短期大学幼児教育保育学科教授。全国専攻科（特別ニーズ教育）研究会会長。
主な著書は、『糸賀一雄研究の新展開　ひとと生まれて人間となる』（共編著、三学出版、2021年）、『障がい青年の学校から社会への移行期の学び』（共編著、クリエイツかもがわ、2021年）、『障害のある若者と学ぶ「科学」「社会」』（共著、クリエイツかもがわ、2022年）など。

［國本研究室ホームページ］QRコード→

日本標準ブックレット No.26

ライフワイドの視点で築く学びと育ち

―障害のある子ども・青年の自分づくりと自分みがき―

2023年 2月25日　第1刷発行

著　者　國本真吾

発行者　河野晋三

発行所　株式会社 日本標準

〒350-1221　埼玉県日高市下大谷沢91-5

Tel 04-2935-4671　Fax 050-3737-8750

URL https://www.nipponhyojun.co.jp/

印刷・製本　株式会社 リーブルテック

ISBN 978-4-8208-0733-9

「日本標準ブックレット」の刊行にあたって

日本国憲法がめざす理想の実現は、根本において教育の力に待つべきものとして教育基本法が制定され、戦後日本の教育ははじまりました。以来、教育制度、教育行政や学校、教師、子どもたちの姿など、教育の状況は幾多の変遷を経ながら現在に至っていますが、その中にあって、日々、目の前の子どもたちと向き合いながら積み重ねてきた全国の教師たちの実践が、次の時代を担う子どもたちの健やかな成長を助け、学力を保障しえてきたことは言うまでもないことです。

しかし今、学校と教師を取り巻く環境は、教育の状況を越えて日本社会それ自体の状況の変化の中で大きく揺れています。教育の現場で発生するさまざまな問題は、広く社会の関心事にもなるようになりました。競争社会と格差社会への著しい傾斜は、家庭や地域社会の教育力の低下をもたらしています。学校教育や教師への要望はさらに強まり、向けられるまなざしは厳しく、求められる役割はますます重くなってきているようです。そして、教師の世代交代という大きな波は、教育実践の継承が重要な課題になってきていることを示しています。

このような認識のもと、日本標準ブックレットをスタートさせることになりました。今を生きる教師に投げかけられている教育の課題は多種多様です。これらの課題について、時代の変化に伴う新しいテーマと、いつの時代にあっても確実に継承しておきたい普遍的なテーマを、教育に関心を持つ方々にわかりやすく提示しようというものです。このことによって教師にとってはこれからの道筋をつける手助けになることを目的としています。

このブックレットが、読者のみなさまにとって意義のある役割を果たせることを願ってやみません。

二〇〇六年三月　日本標準ブックレット編集室